광장의
목소리

일본인의 눈으로 바라본 촛불혁명

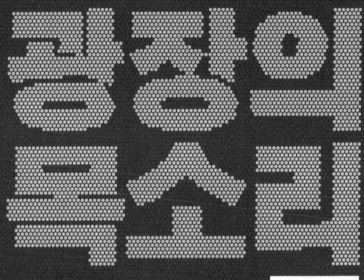

광장의 목소리

134일의 기록

다카기 노조무 지음

김혜영 옮김

21세기북스

우리가 세상을 바꿀 수 있을까

서울에 사는 나는 2017년 3월 10일부터 오래 묵혀두었던 일을 처리하러 잠시 일본에 가 있었다.

그날 시내를 달리는 택시 안에서 텔레비전 뉴스를 보니, 한국 이정미 헌법재판소장 권한대행의 모습이 나오고 있었다. 자막에 나온 문구는 '박근혜를 파면한다'였다.

뭐라 설명할 수 없는 감정이 울컥 치솟았다. 만약 헌법재판소 앞에서 이 소식을 들었다면, 이튿날 광화문광장에 나갔다면, 옆에 있는 사람과 손을 맞잡고 부둥켜안으며 눈물을 흘렸을지도 모른다. 실로 역사에 남을 순간이었다.

한국의 역사적 순간을 목격한 것은 이번이 두 번째였다. 첫 번째는 1987년 6월. 박정희에 이어 두 번째 군사정권을 수립해 독재정치를 펼친 전두환에게 "물러가라"고 외치며 학생과 시민이 목숨을 걸고 투쟁하던 때였다. 서울시청 앞 광장에서 최루탄 가스를 뚫고 우왕좌왕하며 도망치던 날이 지금도 눈에 선하다. 한 인간이 일생 동안 두 번이나 그런 경험을 하는 것도 그리 흔치는 않을 것이다. 첫 번째 시기에는 기록으로 남겨야겠다는 생각은 하지 못했다. 충격과 흥분에 사로잡힌 채 그저 오도카니 서서 일이 흘러가는 모양만 물끄러미 바라볼 수밖에 없었으니까. 그로부터 30년의 세월이 지난 오늘날, 다시금 역사의 기로에 선 한국은 이제 새로운 걸음을 내딛고 있다.

생각해보면 1945년 일본의 식민지 지배에서 해방된 이후, 한반도의 현대사는 너무도 험난했다. 미국과 소련의 대립으로 분단의 길을 걸었고, 결국 동족상잔의 비극까지 겪었다. 국토는 끝도 없이 황폐해지고 사람들은 깊은 상처를 입었다. 그런데도 학생과 시민이 힘을 모아 부패한 이승만 정권을 막다른 곳으로 내몰았고 끝내 대통령을 망명길에 오르게 했다. 하지만 곧 박정희가 이끄는 군사 쿠데타가 뒤를 이었고, 민족통일과 민주화를 향한 염원은 다시금 독재정권 아래에서 숨이 끊기고 말았다. 박정희 정권의 강권통치 아래에서 민주화를 바라는 수많은 사람이 감옥에 갇히고 목숨을 빼앗겼다. 그러나 이 모든 잘못을 단순히 한 군인의 횡포 탓으로만 돌릴 수는 없다. 그 정권을 지지하고 지탱했던 것은 미국과 일본의 정치인들이었다. 중국과 러시아를 포함한 주변 강대국은 단언컨대 단 한 번도 한반도의 평화와 통일을 바라지 않았다. 오히려 저마다 속으로는 군사독재정권을 필요로 했다면 심한 말일까.

부하의 반란으로 쓰러진 박정희의 자리에 또다시 전두환이라는 군인이 눌러앉았다. 그리고 막이 열리자마자 일어난 광주의 비극. 1980년 5월 18일, 계엄령 선포에 반대해 시위를 일으킨 학생들에게 군이 무차별 발포를 했을 때부터, 전남도청 안에서 굳게 버티며 마지막 저항을 이어간 시민을 학살하기까지 열흘이 걸렸다. 이 열흘은 한국 현대사에 새겨진 가장 참혹한 기억이다. 그로부터 7년 뒤에 다시 일어선 민심은 학생, 시민, 노동자가 함께 만들어낸 거대한 저항의 파도로 이어졌고, 끝끝내 군인의 공포정치에 마침표를 찍게 만들었다.

한국의 민주주의는 결코 다른 누군가가 건네준 게 아니었다. 공기처럼 당연하게 존재하지도 않았다. 그래서 사람들은 끊임없이 민주주의를 검증했고, 좀 더 확실한 것으로 만들기 위해 때로는 자신을 희생하기도 했다. 그러나 그것이 민주주의의 본질인지도 모른다. 선거가 끝나고 나서의 일은 그저 정치인의 몫으로 남겨두고 무관심해진다면 민주주의라고 부르기 어려울 것이다. 민주民主란 말 그대로 '국민이 주체가 되는 것'이다. 즉 국가의 존재 방식을 국민이 직접 결정한다. 이런 개념에서 보자면 정치를 다른 사람 손에 맡길 수 없는 노릇이며, 내버려둔다고 저절로 민주사회가 진화할 리도 없다. 오히려 끊임없이 손질하지 않으면 병들고 시들어가는 온실 속 화초처럼 허약해지는 게 민주주의 아닐까 싶다.

1987년에 드디어 부활한 대통령 직접선거제로 선출된 노태우와 김영삼의 보수정권이 이어진 뒤, 김대중과 노무현의 진보정권 아래에서 정치적 자유는 확대되었다. 하지만 여전히 서민의 삶은 고달팠고 그와 반대로 모든 혜택은 재벌기업으로 향했다. 양극화는 좀체 해소되지 않았다. 심각한 문제로 떠오른 비정규직 노동자 증가 현상을 두고 노무현 정권 시절의 입법에 책임을 묻는 목소리도 있다.

사람들은 이후 등장한 재벌그룹 CEO 출신 대통령 이명박이 내놓는 경제 정책에 적잖이 기대를 걸었다. 그러나 본질적으로 재벌과 다름없는 대통령에게 보기 좋게 배신당하고 말았다. 이명박 정권은 자본시장의 통합을 도모해 재벌그룹을 더욱 비대하게 만들고 고소득자에게는 감세 조치를 취했다. 그러는 와중에 반대편에서는 복지를 축소하고, 공기업 직원 수를 10퍼센트 감축했다. 가진 자는 더 풍요롭게, 가지지 못한 자는 더 가난하게 만들 생각인 양 계속해서 심각한 양극화를 조장했다.

그 멍에는 그대로 박근혜에게 이어졌다. 물가상승률을

반영한 실질소득은 노무현 정권과 이명박 정권 때보다 더 낮은 0.9퍼센트 증가에 그쳤고, 2016년에는 마이너스 0.4퍼센트로 곤두박질쳤다. 비정규직 비율이 44퍼센트대로 상승하고 15~29세 청년실업률은 9.2퍼센트를 기록했다. 젊은이들은 많은 것을 포기해야만 하는 현실의 무게에 짓눌렸다. 2015년에는 연애, 결혼, 출산을 포기하는 '3포 세대'라는 말이 나왔는데, 2016년에는 '7포 세대'란 말까지 유행했다. 앞서 말한 세 가지 외에 취직, 내 집 마련, 인간관계, 희망이 추가된 것이다.

이런 현실을 어떻게 바꿔나갈 수 있을까. 대통령과 국회가 서민의 현실에 눈을 돌리지 않는다면 국민이 직접 나서서 행동할 수밖에 없었다. 이 책 2부에 수록된 인터뷰에서 박진 퇴진행동 공동상황실장은 "한국인은 원래 평화주의를 추구하며, 폭력을 원치 않는다"라고 말했다. 공권력이 폭력성을 드러낼 때 스스로를 지키기 위해 더 강력한 행동을 취하게 될지라도…….

1960년 4월 19일, 학생과 시민으로 이루어진 시위대는 부정선거를 통해 독재정치를 이어가려 했던 이승만 대통령에게 하야를 요구했다. 경찰은 시위대를 향해 실탄을 쏘아대며 많은 희생자를 냈다(4월 혁명). 1980년 계엄군은 무력을 써서 광주시민을 잔인하게 진압했고, 1987년 6월 민주항쟁에서는 전투경찰이 학생의 머리를 향해 최루탄을 쏘았다. 2015년에는 경찰이 시위를 하는 농민이 쓰러진 상태에서도 그에게 계속 물대포를 쏘아 결국 죽음에 이르게 했다. 이런 일로 미루어보건대 시민과 학생은 늘 방어적인 행동을 취해왔을 뿐이다.

이번 촛불혁명은 시종일관 평화적으로 진행되었다. 권력이 과잉 탄압하지 않는 한, 질서 있고 평화로운 행동으로 시민의 의사를 표현하고 사회를 바꿔가는 게 가능하다는 증거였다. 혁명이라는 단어는 무장봉기만을 가리키는 게 아니다. 그렇다면 이번에는 권력이 왜 시민을 향한 탄압을 멈춘 것일까. 박근혜 정권의 부당함이 만천하에 드러나고 분노한 국민이 민심을 강력하게 표현했기 때문일까.

134일 동안 매주 토요일에 총 1,700만 명에 달하는 사람들이 모였다. 그 압도적인 힘은 경찰이 행사할지 모를 물리력을 사전에 저지하고, 남녀노소 누구나 안전하게 참여할 수 있는 '광장'을 스스로 만들어냈다. 그곳은 축제의 장이 되고, 민주주의가 자유와 해방을 가져다준다는 사실을 체득하는 교육의 장이 되었다. 이 책을 통해 독자 여러분이 그 단면을 다시 들여다볼 수 있다면 좋겠다.

우선 촛불혁명의 흐름을 좇는 데 도움이 될 만한 용어를 간단히 짚고 넘어가겠다. 먼저 대통령제는 시대에 따라 권한과 임기가 다르다. 현재의 대통령은 1987년 헌법에 기초한 5년 단임제로, 국민 직선제를 통해 선출된다. 즉 연임이 불가능한데, 일찍이 독재정권의 연장을 가능하게 한 중임제에 대한 반성에서 비롯된 것으로 보인다. 삼권분립 속에서 대통령은 행정부의 최고책임자로서 국무회의, 국가안전보장회의, 감사원, 중앙선거관리위원회 등의 기관을 구성한다. 국무총리는 대통령이 지명하는데, 국회의 승인을 얻어 대통령을 보좌하며 행정 각부의 지휘·감독을 맡는다. 대통령은 국가원수로서 나라를 대표하고, 조약체결이나 정당해산요구, 긴급명령, 계엄선포 등의 권한도 가진다. 청와대는 대통령의 집무실인 동시에, 그 업무를 보좌하는 비서실이 각 분야별로 자리 잡고 있다. 전체 비서실을 통솔하는 사람은 비서실장으로, 블랙리스트 문제로 체포된 김기춘이 이 자리에 있었다. 그 아래에 정무, 민정, 외교안보 등의 비서실이 있고 각 비서실의 책임자가 수석비서이다. 이번 문제의 발단이 된 인물인 우병우는 전 민정수석이었다. 대통령과 가장 가깝기 때문에 비서실의 권위가 강해, 때로는 장관을 능가하는 권세를 휘둘러왔다.

　박근혜 대통령을 파면한 헌법재판소 제도는 1988년에 도입되었다. 일반 사법기관인 지방법원, 고등법원, 대법원과 행정법원, 가정법원 등과는 독립된 기관이다. 헌법 보호와 국민의 기본권 보장이 목적이다. 구체적으로는 ① 위헌법률심판, ② 국가권력의 국민 기본권 침해 여부 심판, ③ 국가기관 상호 간, 국가기관과 지방자치단체 간 및 지방자치단체 상호 간의 권한쟁의에 관한 심판, ④ 탄핵심판, ⑤ 정당의 해산심판 등을 맡는다. 재판관은 9명(박근혜 탄핵심판에서는 결원 1명이 있어 8명이 심리에 임했다)이다. 그중 3명은 대통령이 지명하고, 3명은 국회에서 선출하고, 3명은 대법원장이 지명하고, 최종적으로 대통령이 전원을 임명한다. 이번 탄핵심판 때는 8명 중 3명이 탄핵 부결을 표명하면 기각되는 것이었으나, 만장일치로 가결되었다.

알다시피 2017년 5월 9일 대통령 선거 결과, 그때까지 야당이었던 더불어민주당의 문재인 후보가 대통령에 당선되었다. 일찍이 노무현 정권에서 민정수석을 역임한 문재인 대통령은 노 전 대통령과 같은 노선을 이어갈 것으로 예상되었다. 다만 대통령 선거 중에 여야의 협력을 강조했기에 (현실적으로 국회에서는 소수 여당이므로), 혁신적인 정책을 어느 정도까지 추진할 수 있을지는 여전한 관심거리다. 문 대통령은 선거전에서 진보적인 색채를 뚜렷하게 나타낸 정의당 심상정 후보와는 대조적으로 보수 세력과의 협력을 공언했다. 그 탓에 일각에서는 촛불을 들었던 국민의 마음에서 멀어지는 게 아닌지 우려하는 목소리도 나오고 있다.

어찌 됐든 이제 한국이 나아갈 방향을 결정짓는 주체는 주권자로서 눈을 뜬 국민임이 틀림없다. 막다른 길에 몰린 국가를 시민 스스로 바꿔가는 움직임이 일어나고 있는 것이다. 1년 전 겨울 매일 광장에 모인 사람들은 평범한 시민이었다. 그들의 눈에는 부정에 대한 분노와 함께, 마음을 모으면 반드시 잘못된 세상을 바꿀 수 있다는 확신이 가득 차 있었다. 그야말로 동시대를 살아가는 세계 각지의 시민에게 희망을 주는 강렬한 메시지였다. 이 책을 통해 독자 여러분도 그 메시지를 받을 수 있기를 간절히 바란다.

이 책은 1부와 2부로 구성되었다. 1부에서는 촛불집회를 중심으로 일어난 일을 일지 형식으로 기록했고, 2부에서는 이 과정에 참여한 사람들의 증언을 모았다. 주최 측과 경찰 측이 발표한 집회 참가자 수 집계에 차이가 나는 것은 세계 어디서나 마찬가지다. 경찰은 집회 장소에 사람이 가장 많이 모였을 때의 인원을 계산하는 데 반해, 주최 측은 하루 종일 드나든 인원(유동인구 수)까지 계산에 넣기 때문이다. 즉 피크타임 전후에 참가한 인원을 무시하느냐 집어넣느냐의 차이다. "촛불집회 참가자 수가 중요한 이유는 그것이 단순한 숫자에 그치지 않아서다. 집회는 부패한 권력을 향해 시민이 직접 목소리를 내는 행위이고, 집회의 크기는 곧 시민이 내는 목소리의 크기다. 이걸 정확하게 파악하지 못한다면 권력자의 제대로 된 대답 역시 기대할 수 없다."(JTBC 오대영 기자 외, 『탄핵, 헌법으로 체크하다』) 이런 관점에서 이 책은 주최 측 발표를 따랐다. 참가 인원의 출처는 퇴진행동 해산선언 기자회견문(2017년 5월 24일)이다.

차 례

제2부   촛불집회 참가자들의 증언

제 1 부

촛불혁명 134일의 기록

거짓은 참을 이길 수 없다

"저는 오늘부터 개헌을 주장하는 국민과 국회의 요구를 국정
과제로 받아들이고, 개헌을 위한 실무적인 준비를 해나가겠습
니다."

2016년 10월 24일 오전, 당시 박근혜 대통령은 국회 시
정연설에서 '임기 내 개헌'을 깜짝 선언했다. 뉴스에 비친 대
통령의 표정은 마치 지금까지 쭉 개헌을 검토해왔으며 마침
내 때가 왔다고 판단했다는 듯 단호하고 확고해 보였다. 분
명 1987년 민주화 이후 역대 정권은 대통령의 권한 축소나
내각책임제 같은 내용이 담긴 개헌을 여러 번 거론해왔다.
그러나 권력 구조가 바뀌는 일인 만큼, 그때그때 여야 세력
균형의 부침에 휩쓸려 결국 실현되지는 않았다.

이날 박근혜가 내놓은 개헌이라는 단어가 뜻밖으로 느껴
진 사람은, 뉴스를 그리 열심히 챙겨 보지 않던 나 혼자만은
아닐 것 같았다. 4월 13일 총선거에서 여당이 대패한 뒤, 대

통령은 방송국 및 신문사 편집·보도국장들과 함께한 오찬 자리에서 개헌에 부정적이라는 뜻을 드러냈다. "지금 이 상황에서 개헌을 하면, 경제는 대체 어떻게 회복시킬 수 있겠습니까?" 적어도 그 말을 기억하는 사람이라면 '왜 이제 와서 개헌을?' 하는 의문이 자연스럽게 튀어나왔을 것이다. 아니나 다를까, 얼마 지나지 않아 그 의도가 노골적으로 드러났다.

유례없는 더위가 기승을 부린 2016년 여름, 최대 보수언론으로 군림해온 조선일보와 동사가 경영하는 TV조선이 청와대 고위관계자의 부정 의혹을 연달아 보도해 충격을 안겨줬다. 청와대 측은 보복이라도 하듯, 조선일보 주필과 대기업의 유착을 폭로하며 검찰에 고발했고, 급기야 세무조사 카드를 꺼내들었다. 그때는 정권이 언론을 침묵시키는데 성공한 것처럼 보였다. 그런데 미르문화재단과 K스포츠재단이라는 낯선 조직에 재벌그룹이 거액을 출연했고 그 배후에 '최순실'이라는 민간인의 존재가 있다는 보도가 나왔다. 이 소식은 TV조선에서 다른 언론으로 꼬리에 꼬리를 물며 이어지면서 온 국민의 관심을 불러일으켰다. 한국 국민은 강한 의지와 행동으로 10월 29일부터 134일간 쉼 없이 움직이며 끝내 대통령을 파면했는데, 여기에는 언론의 힘도 한몫을 했다. 한국 언론은 정권과 날선 공방을 벌이면서도 '박근혜-최순실 게이트'의 진실을 파헤쳐냈다.

9월부터 10월까지 두 재단을 둘러싼 의혹이 잇따라 수면 위로 떠오르면서, 차은택이라는 인물이 의혹의 중심에 섰다. 또한 최순실의 딸인 정유라가 승마선수로서 이례적인 특혜를 받았다는 사실, 특히 명문 사립대인 이화여대 입학과 학사에 부정이 있었다는 사실도 폭로되었다. 이 정도 규모의 부정행위라면 그 배후에 큰 권력자가 있을 거라고 추측하기는 그다지 어렵지 않았다.

그렇게 추적의 칼날이 다시 청와대 관계자로 향하던 즈음, 소수여당이 된 새누리당(당시) 의원이 야당의 전 대표인 문재인을 향해 '종북 몰이'를 시작했다. 노무현 정권 시절인 2007년, 유엔에서 북한인권결의안을 채택할 때 한국이 기권표를 던졌는데, 그 직전에 당시 대통령 비서실장이던 문 전 대표가 '북한에 의사를 물은 뒤에 기권을 결정했다'는 주장이었다. 당시 외교통상부장관이던 인물이 회고록에서 그 경위를 진술했다고 전해졌다. 그로부터 얼마가 지난 대통령 선거운동 기간에 한국의 기권 결정이 북한 동의와 상관없이 이루어졌음이 밝혀졌지만, 새누리당은 '국가보안법 위반'으로 검찰에 수사 의뢰까지 하려고 했다. 그러니까 이때부터 이미 정권 측이 불리한 국면을 타개할 수단으로 종북 몰이를 시도했다는 게 분명해 보인다. 종북이라는 빨간 딱지는 상대를 위축시키는 데 제법 효과를 발휘해 그간 보수진영에서 꾸준히 써먹어온 수단이었다.

그 뒤로도 최순실을 둘러싼 의혹 해명을 요구하는 여론은 날로 거세졌다. 그런데 '종북설'이 더 이상 확산되지 않자, 이번에는 대통령이 '개헌' 카드를 꺼내들어 여론을 진정하려 한 것이다. 그러나 같은 날인 24일 오후 8시 JTBC 뉴스룸은 더욱 충격적인 특종을 보도했다.

"JTBC 취재팀은 최순실 씨의 컴퓨터 파일을 입수해 분석했고, 그 결과 대통령 연설문 44개를 발견했습니다. 그 파일을 최 씨가 받은 시점은 모두 대통령이 연설하기 전이었습니다."

JTBC는 바로 얼마 전 최순실의 최측근으로 알려진 고영태라는 인물을 인터뷰하면서 "최순실이 유일하게 잘하는 것이 대통령 연설문을 수정하는 것이다"라는 그의 발언을 보도했다. 그런데 마침 그 증언을 뒷받침할 만한 자료를 발견한 것이다. 파일 내용은 박근혜 전 대통령이 후보자였을 때 작성한 유세 연설문부터 대통령 당선 소감, 국민에게 전하는 신년 메시지 등 실로 다양했다. 그중에서도 2014년 독일 방문 당시의 이른바 '드레스덴 연설'은 한국 정부의 대북 정책을 분명히 드러낸 것으로, 당시 오바마 대통령도 지지했을 정도로 중요한 내용을 포함하고 있었다. 그게 다가 아니었다. 대외적인 연설문뿐 아니라 부처 장관을 대상으로 한 국무회의나 인사자료 등 기밀문서에 속하는 것도 다수 포함되어 있었다. 이런 문서가 사전에 공무원도 아닌 민간인에게 전해졌다면, 중대한 국가기밀 누설 사건으로 발전할 가능성이 있었다.

나라 전체가 강력한 지진이라도 일어난 듯한 충격에 휩싸였다. 이제 개헌 논의에 우왕좌왕하고 있을 여유 따위는 없었다. 다음 날 신문과 방송에서는 일제히 '최순실'이라는 이름이 헤드라인을 장식했다.

"박 정권 '막후 실세' 역할 최순실은 누구?" 아시아경제

"드러난 '비선 실세' 최순실…… 의혹 어디까지 밝혀낼까" KBS 뉴스

"박 대통령 해외순방 일정표 들고 의상까지 골라줘" 한국일보

"김종 차관, 최순실에 현안 보고·인사 청탁" TV조선

"연설문서·청 인사파일·극비 외교문서까지…… 최순실 PC는 판도라의 상자" 서울경제

예기치 않게 여론이 들끓자 당황했는지, 대통령은 25일 오후에 급히 '대국민 사과'를 발표했다. 대통령 선거 기간은 물론, 취임 이후에도 청와대 보좌체제가 갖춰지기 전까지 자신이 어려움을 겪을 때 도와준 인연이 있는 최순실에게 의견을 구한 적이 있다고 해명했다. 며칠 전 청와대 비서실장이 "(민간인에게 국정문서를 건네는 일 등은) 봉건시대에도 없었던 일"이라며 전면 부정한 것이 거짓이었음을 스스로 인정한 꼴이었다. 연이어 폭로 보도가 터져 나오는 가운데 문서 유출이 실제로는 최근까지 이어졌다는 사실도 밝혀졌다. 대통령 자신은 어디까지나 순수한 마음에서 의견을 물었을 뿐이라며 머리를 숙였지만, 마음에서 우러난 사죄는 아니었다. 변명조차 되지 않는 자기변호로 일관한 대통령을 향한 국민의 분노는 이미 한계를 넘어서고 있었다.

10월의 마지막 토요일 아침은 벌써 겨울이 찾아온 것처럼 매서웠다. 강원도의 용평 스키장이 제설작업을 시작하는 등 개장 준비로 바빠지고 있다는 뉴스가 흘러나왔다. 아직 11월도 되지 않았는데 짧은 가을이 달음박질하는 듯해 조급함이 느껴졌다. 전날 오후 박근혜 대통령이 청와대 수석비서관 10명에게 사표를 일괄 제출하라는 지시를 내렸다는 사실이 보도됐다. 그때까지 제기된 각종 의혹의 중심에 서 있던 우병우 민정수석과 안종범 정책조정수석이 포함되어 있던 탓인지 야당 측도 환영하는 분위기였다. 이날 예정되어 있었던 '모이자! 분노하자! 박근혜는 하야하라! 시민촛불집회'에 야당의원들은 불참 의사를 밝혔다. 만약 기대보다 적은 인원이 참가한다면 어떻게 될까. 이렇게 엄청난 의혹이 있는데 제대로 된 해명조차 듣지 못한 채 그저 정쟁의 도구로 묻혀버리는 게 아닐까. 무척이나 걱정스러웠다. 그러나 시내 중심을 흐르는 청계천변을 따라 청계광장으로 향하는 사이, 그 우려가 기우에 불과했다는 것을 깨달을 수 있었다.

5시 반이 넘어가자 땅거미가 주위를 감싸기 시작했다. 인도 군데군데에 진을 친 포장마차에서 흘러나온 불빛이 그 앞을 지나는 사람들의 모습을 비추었다. 그 그림자는 종로대로에서, 서울역 방향에서, 시청역 지하보도에서 끊임없이 이어져 청계광장의 중심을 향했다. 6시가 넘어갈 즈음에는 돌바닥에 자리를 잡고 앉은 사람들로 광장이 꽉 채워졌다. 둘러보니 깃발이나 손팻말을 들지 않은 '맨손' 참가자도 꽤 많았다.

그곳에는 2014년 4월 16일, 세월호와 함께 차가운 바다에 가라앉은 희생자와 유가족의 슬픔을 가슴에 새긴 사람이 있었다. 경찰이 쏜 물대포에 맞아 1년 동안 누워 있다 결국 세상을 떠난 농민의 죽음을 애도하는 사람도 있었다. "능력이 없다면 부모를 원망해라. 돈도 실력이다"라는 말을 아무렇지 않게 내뱉은 최순실의 딸에게 격분한 수험생도 있었다. 헬조선이라는 신조어가 유행하는 양극화사회에서 숨 막혀 하던 사람들이 이제야 그 속마음을 분출하기 위해 작은 광장으로 모여들었다.

모르는 얼굴이 대부분이었지만, 눈이 마주치면 자연스레 미소가 지어졌다. 청와대에 틀어박힌 대통령과 해외에서 도망 다니는 '비선 실세'를 향해, 가슴 밑바닥에서부터 뿜어져 나오는 자신들의 분노를 보여주기라도 하듯 3만 개의 촛불이 켜졌다. 세찬 바람이 불어도 결코 꺼지지 않는, 영혼이 담긴 불꽃이었다…….

제 1 장

촛불을 손에 들고 거리로!

2016년 10월 29일 1차 촛불집회

새로운 민주주의의 시작

참가 인원 서울 3만 명, 지방 미집계

비폭력, 평화로 막을 연 촛불집회

한국의 촛불집회는 2002년 6월 여중생 2명이 미군 장갑차에 압사한 사건이 벌어진 뒤에 시작되었다. 촛불은 죽은 자에 대한 애도의 의미였다.

그 후 2008년에는 이른바 '광우병' 발생으로 중단되었던 미국산 소고기 수입 재개에 반대하는 대규모 촛불집회가 장기간 이어졌다. 당시에도 초기에는 자연 발생적인 시민집회 색채가 강해 문화제 같은 분위기가 있었다. 그러나 경찰이 시위를 범죄시하며 강경하게 진압하는 바람에 일부 시위대가 이에 대항하며 쇠파이프를 휘두르는 등 물리적 충돌이 발생했다. 최대 100만 규모를 달성했지만, 1년 가까운 기간에 연행자가 1,000명에 이르렀고, 경찰과 시민 양쪽에서 부상자가 다수 발생했다. 당시 이명박 대통령이 유모차에 아이를 태우고 시위에 참가하는 것은 '아동보호법 위반'이라고 발언한 것이 유명하다. 이후 촛불시위는 2012년 대통령 선거에 국가정보원이 관여했다는 의혹이 불거지면서, 2013년 6월부터 8월에 걸쳐 다시금 달아올랐다. 당시 야당인 민주당이 장외투쟁에 나섰다. 하지만 언론이 크게 다루지 않았다는 점이 이번과 크게 다른 부분이었다.

불과 2분가량 이어진 박근혜 대통령의 대국민 사과는 오히려 국민의 실망과 더 깊은 분노를 불러일으켰다. 토요일에 예고된 대규모 집회를 앞두고, 수도권을 중심으로 각 대학에서 이를 비판하는 시국선언문이 줄을 이었다. 대기업을 대상으로 미르·K스포츠재단에 출연금을 내라고 강요한 의혹을 받은 안종범은 성균관대학교 경제학부 교수이기도 했다. 27일 성균관대학교 인문관 벽에 교수 파면을 요구하는 대자보가 나붙은 뒤 학생들의 움직임은 가속화되었다. 최순실이 나온 단국대학교, 박근혜 대통령이 나온 서강대학교에서는 불명예스러운 선배를 겨냥해 대학의 명예를 더 이상 훼손하지 말라고 요구하는 시국선언문을 낭독했다. 시국선언문 낭독은 서울대, 고려대, 연세대, 동국대, 홍익대에서 경북대, 영남대, 계명대 등 지방으로 확산되었다. 성균관대와 전남대에서는 학생들의 목소리에 화답하듯 교수들도 성명문을 발표해 이에 동조했다.

이러한 흐름은 1987년에 일어난 6월 민주항쟁과 매우 흡사해 보였다. 그때는 경찰의 취조 과정에서 벌어진 서울대생 박종철 고문치사 사건 진상 규명과, 군사정권 연장을 막으려는 야당과 시민단체 및 학생들의 직선제 도입 요구와 함께 시위가 시작되었다. 간접선거에서 직접선거로 바꾸기 위해서는 헌법을 개정해야 했는데 당시 전두환 대통령이 완강히 거부한 탓에 전국 방방곡곡에서 시국선언문을 발표하는 등 사회 전체가 어지러웠다. 당시에는 시위와 집회에 참가하려면 체포를 각오하고, 그러니까 말 그대로 목숨을 걸고 싸워야 했다. 그러나 지금은 공포정치가 지배하는 시대가 아니었다. 이번과 30년 전의 큰 차이라면 그 정도랄까. 물론 최루탄도 사라졌다. 하지만 집회에 참가하려는 사람들에게는 1년 전 경찰이 쏜 물대포에 맞아 의식을 잃고 1년 가까이 투병하다가 유명을 달리한 백남기 씨의 기억이 생생하게 남아 있었다.

"그 당시(1차 집회가 열렸을 때)만 해도 주위에서 위험하다고 가지 말라 그랬고 실제로 경찰 탄압이 가장 논란이던 때였다."
블로그 '힙합팬 이창민' 중에서

또한 집회에 처음 참여했다는 사람도 많았다. 광장에 모인 사람들이 분위기에 익숙해지기까지는 조금 시간이 필요했다.

"촛불집회는 정말 처음이라 외딴섬에 홀로 남겨진 기분이었고, 여기저기서 사람들이 구호를 외쳐도 함께하면 안 될 것 같은 위화감이 나를 따라다녔다." 블로그 '마키아블루베리' 중에서

"2008년 소고기 수입 반대 집회에도 참가하지 않았을 정도로 이런 일에는 관심이 없었는데, 나 같은 사람이라도 모여서 청와대에 민심을 알리고 싶은 마음에 이곳에 왔다." 연합뉴스 인터뷰 중에서

처음 집회에 참가하려고 마음먹은 서울대생이 온라인 익명 게시판을 통해 같이 갈 참가자를 모집한 일도 보도되었다. '집회에 혼자 참가하기가 걱정돼서 만든 방'이라는 이름의 카카오톡 게시판을 통해 서로 얼굴도 모르는 학생들이 400명이나 모여, 만날 장소와 시간을 정해 집회에 데뷔했다고 한다. 처음에는 광화문광장에 모인다는 정보가 흘러나왔는데 나중에 청계광장으로 바뀌어서 혼란을 빚기도 했다. 무엇보다 주최 측이 경찰에 신청한 인원은 2,000명이었는데 실제 광장을 채운 시민의 수가 3만 명에 달한 것도 큰 '오산'이었다.

1차 집회는 민중총궐기투쟁본부와 백남기투쟁본부가 주최했다. 민주노총을 중심으로 한 노동조합과 기존 시민운동 단체가 중심인 조직이라, 그 자리가 익숙한 운동가들이 무대에서 발언하며 집회 분위기를 이끌어가는 모습이 엿보였다. 그러나 이날의 주인공은 지금껏 한 번도 시위를 해본 적 없는, '침묵하는 대중'으로 보였던 다양한 계층의 시민이었다. 그들은 더 이상 참을 수 없는 답답한 심정을 꾸밈없는 문장으로 토로했다.

"주변 지인들이 노령연금 월 20만 원을 받기 위해 박 대통령에게 투표했는데 지금은 다들 후회하고 있다. 집에 틀어박혀 있는 것보다 여기 나와서 촛불이라도 들어야 할 것 같아서 왔다."
67세, 무직

"최순실의 딸이 '돈도 실력'이라고 말한 것에 정말 화가 났다. 우리 아이가 부정 없는 세상에서 자신의 능력을 충분히 발휘할 수 있으면 좋겠다." 35세, 세 살배기 아이를 데리고 나온 주부

"학교에서 친구들이랑 '나라가 이상해졌다'는 얘기를 나누다 오늘 처음으로 집회에 참가했다." 14세, 중학생

오후 6시부터 시작된 집회는 1시간 반 정도 이어진 뒤 마무리되었다. 너도나도 빨리 거리로 나가 마음속 이야기를

외치고 싶어 했지만, 예상을 훌쩍 뛰어넘는 인원이 신속하게 움직이기는 어려웠다. 보신각 앞에서부터 종로 대로를 따라 인사동으로 향하는 경로였다. 길을 가득 메운 사람들이 천천히 가다 보니 꼬리에 있던 사람들은 아직 광장에서 빠져나오지도 못하고 있었다. 얼마 안 가 행진 대열이 멈춰섰다. 저 앞에 경찰버스가 서 있어 앞으로 나갈 수 없다는 목소리가 돌아왔다. 무리해서 뚫고 나가려다간 큰 충돌이 일어날지도 모르는 상황이었다. 긴장된 공기가 밤거리에 퍼져나가는 게 느껴졌다. 그러나 그것도 한순간, 참가자들은 그대로 방향을 바꿔 선두 차량의 뒤를 따랐다. 세종로를 따라 광화문으로 가려는 모양새였다. 다시 "박근혜는 퇴진하라!"라는 외침이 파도처럼 퍼져나갔다. 선두는 이순신 장군 동상을 지나 세종대왕 동상까지 다가간 듯했다. 과거의 촛불집회에서는 시위 경로가 어긋나면 경찰이 신청한 내용과 다르다는 이유로 즉각 해산을 명령하면서 강경하게 진압했다. 하지만 이날만큼은 달랐다.

뒤에 보도된 바에 따르면 이때 종로경찰서장이 "나라를 걱정하는 심정으로 모인 이상, 시민 여러분 모두 집회와 시위에서도 성숙한 시민의식을 보여주기 바랍니다"라고 당부했다고 한다. 대기하고 있는 살수차를 목격했지만 출동하지는 않았다. 저녁 뉴스에서는 이때 일부 사람들이 광화문로

터리에 늘어선 경찰차벽을 무리하게 타고 넘어가려고 버스 천장에 오르고, 경찰 방패를 빼앗는 작은 소동이 발생했다고 전했다. 그런데 이어서 같은 시위대 안에서 "비폭력! 비폭력!" 하는 소리가 합창처럼 터져 나오고, 빼앗은 방패가 손에서 손으로 넘겨져 원래 있던 자리로 돌아가는 장면이 전파를 탔다. 경찰과 시민이 서로 배려하면서 마지막까지 평화를 지키려 노력하는 감동적인 장면이었다. 집회가 끝난 뒤 서울경찰청이 "시민들께서 경찰의 안내에 따라주시고, 이성적으로 협조해주신 데 대해 감사드린다"라며 이례적인 성명을 발표한 것도 화제가 되었다.

이렇게 해서 최초의 촛불집회는 끝까지 한 사람의 체포자와 부상자도 나오지 않고 무사히 끝났다. 주위에서 지켜보던 사람들도, 텔레비전 화면을 뚫어져라 쳐다보던 사람들도 모두 한시름 놓은 듯했다. 무엇보다 현장에 있던 사람들의 마음은 남달랐다. 집회 참가자들은 자신들의 행동이 옳았기 때문에 성공했다는 뿌듯함과 자신감을 마음에 담고 집으로 돌아갔다.

이날 집회와 시위의 기조는 그 뒤 매주 토요일에 열린 집회의 성격을 규정했다고 볼 수 있다. 새로운 민주주의의 형태가 제시되었고, 촛불로 상징되는 사람들의 소망이 어둠에 잠겨가던 이 나라의 미래를 밝게 비추려 하고 있었다.

11월 5일 2차 촛불집회
오늘 이 촛불 하나의 빛이 모여

참가 인원 서울 20만 명, 지방 10만 명

초등학생의 시험지

10월 31일, 박원순 서울시장이 자신의 인스타그램에 한 초등학생의 시험지를 올려 화제가 되었다. 초등학교 6학년 학생의 10월 말 시험에 나온 '다음은 무엇에 관해 쓴 내용입니까?'라는 문제였다. 그중에 '국가 살림을 위한 돈을 어디에 어떻게 나누어 쓸지 계획한 것'이라는 항목에 대한 답으로 '최순실'이라고 써서 오답 처리되어 있었다. 인스타그램에는 아이가 쓴 답에 엑스 표시가 나붙은 사진이 실려 있었다. 정답은 '국가 예산'이었을 것이다. 박원순 시장은 "초등학생들의 인식에 놀랍고 가슴이 아픕니다. 빨리 이 불행한 사태가 종식되어야 할 텐데"라는 코멘트를 달았다.

29일 집회가 끝난 뒤, 주최 측은 11월 12일에 예정된 대규모 집회를 앞두고 매일 소규모 집회를 열자고 호소했다.

박원순 시장도 이에 호응해 11월 2일 밤, 처음으로 촛불을 들고 나와 시민과 함께 길바닥에 앉았다. 그는 집회가 끝나고 한 인터뷰에서 "오늘 이 촛불 하나의 빛이 내일 우리나라의 미래를 밝히는 밝은 빛이 되기를 소망한다"라는 말을 전했다.

대통령의 '회한'

집회를 앞둔 11월 4일, 박근혜 전 대통령은 두 번째 대국민 담화를 발표했다. 전날 독일에서 귀국한 최순실과 안종범 전 수석비서관이 체포된 것을 보고 내놓은 것이었다. 지난번과 비교해 담화 분량이 늘어난 데다 눈가에 눈물이 번진 듯한 표정도 추가되었다. 대통령의 진퇴를 포함한 중대한 내용이 발표될 거라고 기대하는 시선이 많았다. 그러나 실제 내용은 기대와 달랐다. "국가 경제와 국민의 삶에 도움이 될 것이라는 바람에서 추진한 일을 개인의 이권을 위해 이용한" 최순실의 행동을 막지 못했던 것에 대한 사죄, 대통령으로서 불미스러운 일이 생기지 않을까 염려해 "가족 간의 교류마저 끊고 외롭게 지내왔지만, 자신을 도와줄 사람이 없었기 때문에" 최순실에게 기대며 경계심을 낮췄던 것에 대한 후회, 그리고 이번 사태로 국정이 정체되었으므로 하루속히 대통령으로서의 책무를 다할 것이라는 각오였다. "검찰과 특별검사의 수사를 수용할 용의가 있고, 적극적으로 수사에 협조할 것"이라는 말만큼은 유일하게 성실한 대응으로 보였다. 그러나 훗날 이 모두가 거짓말에 지나지 않았다는 사실이 밝혀졌다.

"내가 이러려고 대통령을 했나 하는 자괴감이 들 정도로 괴롭다"라는 대통령의 발언은 "내가 이러려고 두 아이의 엄마가 됐나"라든지 "내가 이러려고 아르바이트하면서 고생해서 시험공부를 했나" 등 다양하게 패러디되어 시민의 입에서 입으로 퍼져나갔다. 일관되게 국가를 위해 노력한 정당한 행위였다고 강변하고, 본인은 아무런 책임도 지지 않은 채 국민의 동정심만 얻으려 했던 담화는 박근혜 정권에 별 도움이 되지 않았다. 오히려 더 많은 사람들의 발길이 광장으로 향하는 결과를 낳았다.

이날 오전 명동성당에서 장례 미사를 끝낸 농민 백남기 씨의 운구차가 광화문 앞에 도착한 것은 오후 2시경이었다. 9월 25일 서울대병원에서 숨을 거둔 고인에 대해 경찰은 부검을 하겠다고 나섰다. 그 탓에 부검을 반대하는 유가족 및 지지자들과 강행하려는 경찰 사이에 공방이 이어졌다. 그

때문에 40일 넘도록 장례를 치르지 못하는 이례적인 상황이 벌어지고 있었다. 의도적인 물대포 공격이 사인이라는 게 명백했다. 그런데도 경찰이 부검을 요구한 것은 사태의 원인과 책임이 자신들에게 있음을 은폐하려는 시도라고밖에 볼 수 없었다. 결국 강한 반발에 부딪힌 경찰은 부검 계획을 단념했고, 이날 드디어 유가족은 고인과 작별 의식을 치를 수 있었다. 세월호의 비극에 이어, 박근혜 정권은 국민에게 또 한 번 큰 죄를 지으며 그들 가슴에 깊은 상처를 남기고 말았다.

지난주에 17퍼센트까지 하락했던 대통령 지지율은 끝내 5퍼센트까지 곤두박질쳤고, 급기야 '식물 대통령'이라는 말까지 나왔다. 그 가운데 열린 2차 촛불집회는 지방으로까지 빠르게 확산되었다.

퍼져가는 집회의 물결

부산 서면에서 오후 4시 반에 출발한 1,200명의 시위대가 5킬로미터 떨어진 부산역 앞 광장에 도착할 즈음에는 인원이 2,000명으로 불어나 있었다. 박근혜 전 대통령의 정치적 고향이라 불리는 대구에서도, 중구의 2·28기념공원에 모인 4,000명의 시민들이 입을 모아 "박근혜 퇴진"을 외쳤다. 열성 지지자였던 60대 남성은 "지금까지 지지해온 게 부끄럽다. 울분을 억누를 수 없어 태어나 처음으로 집회에 참가했다"라며 분통을 터뜨렸다. 전라북도 전주에서는 전북도민총궐기대회가 열려 시민과 학생 2,000여 명이 참가했다. 나아가 집회장 근처를 지나는 버스와 일반 차량은 일제히 경적을 울리는 퍼포먼스를 선보였다. 지금까지 정치적 행동의 거점으로서는 주목받지 않았던 김해, 광양, 강릉 등의 지방 도시에서도 50명에서 100명이 모인 소규모 집회와 시위가 열렸다. 전국에서 수만 규모의 공동행동 소식이 전해졌다.

한편 중·고등학생들이 다수 참가한 모습도 눈길을 끌었다. 11월 17일에 수능시험을 앞둔 고등학교 3학년 학생들은 자신의 인생에서 지금 무엇이 중요한지 고심한 끝에 광장으로 달려 나왔다고 자신 있게 대답했다.

"장래희망이 초등학교 선생님인데, 나중에 아이들이 '선생님, 민주주의가 뭐예요?'라고 질문했을 때 제 자신에게 부끄럽지 않기 위해 이곳에 왔습니다."

세종문화회관 앞에 있는 계단에 어른들보다도 한발 빨리 자리를 잡고 앉아 집회를 시작한 교복 입은 고등학생 수백 명의 모습은 매우 인상적이었다. 마이크를 손에 잡은 학생은 아직 앳된 얼굴이었다. 하지만 "우리들의 선배는 1960년 4월 혁명 때, 총탄이 날아다니는 것도 두려워하지 않고 청와대를 향해 나아갔습니다. 지금 우리가 할 수 있는 일은 선배들의 뒤를 따르는 것 아니겠습니까!" 하고 야무진 말투로 호소했다.

이러한 젊은 참가자를 고려했는지 광화문광장의 주 무대에서는 집회 사이사이에 래퍼들의 시국풍자 공연이 이어졌고, 자칫 딱딱해지기 쉬운 분위기를 흥겹게 고조시켰다. 특히 제리케이는 〈HA-YA-HEY〉에서 '하야해라'를 비튼 후렴을 반복하면서 자리에 모인 참가자들의 환성을 이끌어냈다.

풍자와 해학으로 가득 찬 퍼포먼스는 무대 밖 곳곳에서도 펼쳐졌다. 일국의 대통령이 민간인에 불과한 최순실의 꼭두각시였다는 사실은 수치심과 분노를 넘어 국민의 정신을 무너뜨릴 정도로 커다란 타격이었다. 어쩌면 사람들은 웃음을 통해 이성을 회복하려고 했는지도 모른다. 텔레비전의 코미디 프로그램에서까지 최순실과 대통령 흉내를 내는 콩트가 넘쳐났다. 광화문광장 입구에는 대통령이 하야할 때

광화문광장에 들어선 항의 텐트촌.

대통령을 규탄하는 고등학생들.

고 백남기 씨 영정.

까지 자리를 지키며 농성하기 위한 텐트촌이 출현했다. 그 앞에는 부동산의 '입주 규칙'처럼 '즉시 입주 가능, 보증금: 당신의 아름다운 연대'라고 쓰어 있었다. 시민들은 자유로운 발언이 보장된 무대에서 속 시원히 마음을 털어놓았으며 개성 넘치는 퍼포먼스를 펼쳤다. 그들은 분노와 소망을 공유하는 방법을 모색하는 듯했다.

외신기자들도 독창적인 아이디어로 가득 찬 집회 모습에 주목해 그 소식을 세계로 널리 알렸다.

"박 대통령이 하야를 촉구하는 대규모 시위에 직면했다."영국 BBC

"시위대의 바다가 광장을 가득 메우고, 대통령과 관련해 '배신', '범죄자'라는 단어가 등장했다."AP통신

"2008년 미국산 소고기 수입 반대 시위 이후 최대 규모."로이터통신

"한국인들은 대통령이 수십 년간 최태민(최순실의 아버지) 일가의 노예로 살아왔다는 것을 부끄러워하고 있다."「뉴욕타임스」

"대통령 지지율이 1987년 민주화 이후, 역대 대통령 중에서도 최저인 5퍼센트로 급락했다. 4일 발표한 담화가 국민의 분노에 기름을 부었다."「마이니치신문」

"정부에 대한 항의 집회인데도 대부분의 집회 참가자는 자신의 이름을 적극적으로 밝혔다."「아사히신문」

이날 열리는 집회는 오후 4시부터 1부 행사를 시작한 뒤, 오후 6시에는 청계광장을 출발해 종로, 을지로, 명동, 남대문, 시청을 지나 광화문에서 합류하는 일정이었다. 경찰은 처음에 낮 동안 서울시가 주최하는 제3회 김장문화제 개최로 교통이 통제된다는 이유를 들며 행진을 허락하지 않았다. 그러나 주최 측이 서울행정법원에 경찰의 금지 통고에 대한 가처분신청을 낸 끝에 행진이 가능해졌다. 이후 시위 경로를 둘러싸고 경찰과 시민의 공방은 계속 이어졌다. 시민 측은 최대한 청와대 가까이 행진해서 목소리를 직접 전달하려는 바람을 담아 시위 신청을 했다. 그러면 경찰이 신청을 불허하고, 다시 재판소가 시민 측의 가처분신청을 받아들여 허용하는 일이 반복되었다. 이때 재판소는 시위 허용 사유로 '시민단체가 집회와 시위로 인한 교통 방해를 최소한으로 억제하기 위해 300명의 질서 유지인을 배치할 예정이라는 점과, 일주일 전에도 집회·시위가 벌어졌지만 심각한 교통 혼잡 없이 평화적으로 종료했다'는 점을 꼽았다. 한마디로 시민의 성숙한 질서의식이 이끌어낸 결과였다.

11월 12일 3차 촛불집회

모이자! 분노하자! 내려와라 박근혜! 3차 범국민행동

참가 인원 서울 100만 명, 지방 10만 명

박근혜 정권 퇴진을 촉구하는 조직 발족

11월 9일, 박근혜정권 퇴진 비상국민행동(이하 퇴진행동)이라는 조직이 발족을 선언했다. 그때까지 두 번에 걸친 촛불집회는 민중총궐기투쟁본부와 백남기투쟁본부가 주도했다. 민중총궐기가 노동자, 농민, 장애인, 빈민, 여성 등 사회 각층과 각 분야의 과제를 망라해 다양한 노력을 기울여온 데 반해, 퇴진행동은 말 그대로 박 대통령 퇴진을 요구하는 모든 단체를 집결한 범사회적 연합조직이었다. 그들은 같은 날 오후, 서대문역 근처 프란치스코교육회관에서 열린 기자회견에서 다음과 같이 밝혔다.

"박근혜-최순실 국정농단 사태의 진실이 드러나면서, 박근혜 대통령이 국정 수행의 능력도 자격도 없음이 이미 증명되었다.

5,000만 국민의 안위에 중대한 영향을 주는 대통령이 무능력자이자 무자격자였음이 드러난 이상, 빨리 물러나라는 것이 국민의 명령임이 점점 더 확실해지고 있다. 그러나 대통령은 이러한 국민의 명령을 무시한 채 퇴진을 거부하고, 제멋대로 총리 인선을 강행했으며, 국민 대다수가 반대하는 한일 군사정보협정을 강행하고 있다. 5일 진행된 20만 촛불 항쟁에도 불구하고 그는 여전히 퇴진을 거부한 채, '야당의 총리 추천 시 수용'이라는 되지도 않을 꼼수로 국민을 기만하려 안간힘을 쓰고 있다.

말로 할 때 내려오지 않는다면, 이제는 행동으로 끌어내리는 수밖에 없다. 박근혜 퇴진이라는 국민의 명령을 수행하기 위해 오늘 우리 1,500여 개 단체는 박근혜정권 퇴진 비상국민행동의 발족을 선언한다."

퇴진행동은 흔히 말하는 운동권 이미지와는 다소 다른 조직으로서, 134일간의 대규모 시민 행동과 유기적으로 움직였다. 정치학자인 박명림 연세대 교수는 이 조직의 성격을 다음과 같이 설명했다.

"(퇴진행동은) 정교한 조직 체계도, 거창한 창립 이념과 강령도, 방대한 동원 기구와 수단도 없다. 조금은 엉성하고 느슨한 1,600개 단체의 연합체일 뿐이었다. 그저 집회 날짜만 발표할 뿐 어떤 정밀하고 체계적인 동원도 선동도 유인도 광고도 시도하지 않았다. 아니 필요가 없었다. 그저 시민의 마음을 읽고 묵묵히 따라가려 할 뿐이었다. 참여와 대화의 광장은 항상 마련되어 있었고, 시민으로 다시 태어날 준비가 된 사람들을 단지 초대하기만 하면 되었다. (중략)

무엇보다 비상국민행동은 과거의 정당이나 운동조직처럼 시민들을 동원과 지시의 대상으로 여기지 않고, 한 사람 한 사람을 모두 평등한 인격적, 시민적 주체로 여겼다. 광장에서 만난 많은 시민 가운데 이 단체의 이름을 정확하게 아는 사람은 한 사람도 없었다. 여러 번 물었다. 그러나 신기하게도 일반 시민은 아무도 단체의 이름을 몰랐다. 그게 묘수이자 비밀이었다. 시민 각자가 자신을 객체가 아닌 주체로서 인식하게 되자 자신도 모르게 주체적 각성과 자발적 참여의 불꽃이 타올랐던 것이다……." '광화문 항쟁, 광화문 세대, 광화문 정신' 중에서

비행기와 버스를 타고 광장으로

세 번째 촛불집회의 목표 인원은 100만 명이었다. 이날은 이전부터 노동자 조직을 중심으로 준비해온 민중총궐기 2016년 3차 집회에 더해 야당까지 정식으로 참가 의사를 밝

했다. 1차와 2차 집회 때 예상을 훌쩍 뛰어넘는 참가자가 모였던 것도 목표 설정에 영향을 준 것으로 보인다. 무엇보다 대통령의 퇴진 결단을 이끌어내기 위해서는 지금까지와는 비교가 안 될 규모의 국민적 압박이 필요하다는 인식도 작용했음이 분명하다.

그때 1987년 6월 10일을 기점으로 일어난 6월 민주항쟁이 떠올랐다. 당시에는 전투경찰(군인)의 무자비한 폭력과 연행자에게 가하는 고문이 마치 자연스러운 것처럼 받아들여지는 분위기였다. 그런 가운데 시민과 학생이 필사적인 심정으로 모여 '독재 타도'를 외쳤다.

그러다 최루탄을 맞고 쓰러진 연세대생 이한열의 민주국민장이 치러진 것은 7월 9일의 일이었다. 연세대학교를 출발한 장례 행렬은 충정로 고가도로를 지나 시청 앞 광장으로 향했다. 이날만은 모든 도로가 통제되어 차가 한 대도 보이지 않았다. 해방구가 된 듯한 서울 시내는 애도하는 시민들로 가득 메워졌다. 그 수는 100만 명이라고 알려졌는데, 끝없는 인파를 보면 결코 과장이 아님을 실감할 수 있었다. 그때와 비슷한 수의 시민이 다시 이 거리에 넘쳐흐를 것인가. 3차 촛불집회의 향방을 앞두고 한국 국민과 외국 특파원 모두 마른침을 삼키며 지켜보고 있었다.

점심시간이 지난 뒤부터 시청 앞 광장에는 각지 조합원들이 사전집회를 열기 위해 모여들기 시작했다. 머리에 띠를 두르고 수많은 현수막을 손에 든 전국철도노조 소속 노동자들이 입장하자 박수가 울려 퍼졌고 집회장에는 긴장감이 넘쳐흘렀다. 성과주의연봉제 도입에 반대하는 파업투쟁이 이미 47일을 지나고 있었지만, 그들의 낯빛에서 피곤한 기색은 찾아볼 수 없었다. 더불어민주당, 국민의당, 정의당 등 야당 진영에 모인 시민들도 저마다 정당 깃발을 들고 거리행진을 하면서 집회에 합류할 태세를 취했다. 토요일 오후이기도 해서 아이를 동반한 부모나 연인의 단란한 모습이 눈에 띄었다. 하지만 그 사람들도 모두 손수 만든 팻말을 들고 대로를 활보했던 터라 집회 참가자임을 한눈에 알 수 있었다.

명동 롯데백화점에서 서울시청으로 향할 때, 중년 여성 무리가 내 옆을 지나갔다. 억양이 전라도 사투리로 들려 자세히 들여다보니, 손에 든 깃발에 쓴 '광주'라는 글자가 보였다.

10일 뉴스를 통해 광주에서 1만 명 이상이 대형버스를 타고 상경할 예정이라는 보도가 나왔던 게 떠올랐다. 지방에서 이날을 위해 서울로 온 사람들은 민주항쟁을 상징하는 도시인 광주의 시민만이 아니었다. 부산에서 1만 명, 충청남도와 북도를 합해서 2만 2,000명, 울산에서 5,000명, 박근혜 전 대통령의 고향인 대구에서 수천 명, 경상남도에서 1만 3,000명, 전라북도 4,400명이었고, 제주도에서는 비행기를 타고 1,000여 명이 날아올 예정이었다.

9일 제주에서 열린 집회에 참가한 한 고등학교 3학년 학생은 "인터넷에서 대구 여학생이 발언하는 것을 보고 우리도 목소리를 내야겠다고 생각해 참가했다"라고 말했다. 같은 나이대의 젊은이에게 공감하면서 자신의 의지대로 행동하려는 모습이 인상적이었다. 세대와 직업과 지역 차이를 뛰어넘어 광장에 집결한 사람들의 마음에서, 바야흐로 서로 공명하는 엄청난 파동이 만들어지고 있었다.

오후 5시가 넘자 대통령 관저(청와대)에서 1킬로미터 떨어진 지점에 있는 내자동 로터리를 향해 5개 경로로 나누어 행진하는 시위가 시작되었다.

지금까지는 경찰이 광화문광장 북단에 버스로 차벽을 만들어 시위대가 대통령 관저에 가까이 다가가는 것을 차단했다. 그런데 행정법원이 주최 측의 집행정지 가처분신청을 받아들여 처음으로 권력의 벽을 돌파하는 데 성공했다. 그 뒤부터 시민 측의 시위 경로 신청과 경찰의 금지 통고, 그에 대한 행정법원의 허가라는 물고 물리는 공방이 이어졌다. 그러다 마침내 12월 3일 6차 촛불집회에서는 대통령 관저에서 불과 100미터 떨어진 지점까지 진출하는 것이 받아들여졌다. 참가 인원 규모는 이러한 구체적 성공을 얻어내는 데 큰 의미를 가지는 정치적 요소 가운데 하나이기도 했다.

표현의 자유와 차별 발언

오후 7시 반 시점에서 퇴진행동 본부는 집회 참가 인원 100만 명을 달성했다고 보고했다. 행진을 하고 다시 광화문 광장으로 돌아온 시민들 사이에서 환호와 박수소리가 쏟아졌다. 무대에서는 목표 달성을 축하하듯 유명 연예인의 공연이 축제 분위기를 달구었다. 촛불을 든 채 앉아 있던 사람들의 어깨가 음악에 맞춰 흥겹게 들썩였다.

록발라드 가수 이승환, 펑크록 그룹 크라잉넛, 포크 가수 전태춘, 인기 사회자 김제동, 코미디언 겸 MC로 유명한 김미화 등이 무대에 올랐다. 뒷날 드러난 '문화인 블랙리스트'에 올라 활동에 제약을 받은 적이 있는 사람도 많았다. 그들은 가사에 시국 풍자 내용을 담거나, 간주가 흐르는 사이에 정권을 비판하는 재치 있는 코멘트를 하며 참가자의 함성을 유도했다. 연예인이 솔직하게 정권을 비판할 수 있는 걸 보면, 적어도 광화문광장이 표현의 자유가 보장된 편안한 공간임은 분명했다.

그러나 표현의 자유 보장이 차별 발언을 해도 좋다는 뜻은 아니었다. 11월 11일에 민중총궐기투쟁본부와 퇴진행동은 집회 중 차별 발언에 대한 사죄 성명을 공동으로 발표했다. 5일 열린 2차 촛불집회 무대에서 한 발언자가 "박근혜를 병원으로 보내라"며 정신장애인 차별 발언을 한 데 대한 사과였다. 이 발언은 많은 참가자로부터 비판을 받았고, 주최 측이 이에 사죄해야 했던 것이다. 또한 "암탉이 울면 집안이 망한다"는 조선시대 속담을 인용하거나, 최순실이 "근본을 알 수 없는 저잣거리 아녀자"라며 여성 비하 표현을 사용해 비판하려고 했던 일도 있었다고 한다. 이에 대해 두 단체는 성명을 통해 다음과 같이 말했다.

"우리가 박근혜 정권 퇴진 투쟁을 하는 이유는 국민으로부터 위임받은 권력을 이용해 부패 비리를 저지르고, 국민 생활을 파탄으로 몰아넣은 책임을 묻기 위해서이지, 그들이 여성인 것과는 무관하다. 민주주의의 파괴자인 그들을 향한 분노를 여성이나 장애인을 차별하는 언어로 표출하는 것은 정당하지 않음을 우리는 잘 알고 있다……."

일방적으로 지시를 받거나 조종당하는 객체에서 벗어난

시민과, 상호 비판과 제안을 받아들이는 운동권의 원활한 소통이 있어야 시위의 질이 높아지고 발전할 수 있다. 수많은 외국 특파원이 '광장의 민주주의'라고 표현한 촛불집회는 많은 참가 인원이라는 외형과 함께 그 내실 면에서도 조금씩 진화하기 시작했다.

11월 19일 4차 촛불집회

모이자! 광화문으로! 밝히자! 전국으로!

박근혜 퇴진 4차 범국민행동

참가 인원 서울 60만 명, 지방 36만 명

대통령, 검찰 조사 거부

100만 명이 모여 외친 함성이 청와대에 도달한 것일까. 청와대 관계자는 다음 날 오전 10시부터 열린 수석비서관 회의가 침울한 분위기 속에서 진행되었다고 하면서 "집회에서 보여준 국민의 준엄한 뜻을 여전히 무겁게 받아들인다"라고 밝혔다. 그러나 그 이후 박 대통령이나 청와대의 그누구도 구체적 방안을 내놓지는 않았다.

정계 원로라 불리는 김종필 전 공화당 총재가 기자에게 "100만이 아니라 5,000만이 요구했다 해도 박근혜 대통령은 스스로 퇴진할 인물이 아니다"라고 전한 말도 화제를 불러일으켰다. 김종필은 박 대통령의 아버지인 박정희가 쿠데타를 일으켜 정권을 잡으려고 했을 때 오른팔로 활약한 인물이었다. 긴 세월 가까이에서 그녀의 모습을 지켜본 사람의 지적을 간단히 넘겨들을 수는 없었다. 어쨌든 박근혜 정권은 귀라도 닫아버린 듯 이렇게까지 호되게 대통령을 지탄하는 국민의 목소리를 무시했다. 그렇다면 대체 그들은 어떻게 국면을 타개하려고 했던 것일까. 그 감춰진 속셈이 서서히 모습을 드러내기 시작했다.

검찰이 박근혜 대통령에게 대면조사를 요구한 데 대해, 11월 15일 대통령 측 변호인인 유영하 변호사는 "현 시점에서는 물리적 한계가 있으므로 검찰에 심문 연기를 요청했다"라고 발표했다. 나아가 "검찰이 이 사건을 신속하게 수사해 대통령 관련 의혹 사항이 전부 정리된 상황에서 대통령에 대한 조사가 이루어지는 것이 타당하다"라고 덧붙여 당분간 조사에 응할 수 없다는 입장을 밝혔다. 대통령의 두 번째 대국민 담화 내용을 정면으로 부정하는 말이었다. 또한 대통령이 검찰에게 같은 시기에 수면 위로 드러난 부산 엘시티 개발과 관련한 로비 의혹 문제를 '철저히 조사하라고 지시했다'는 보도가 나왔다. 이는 자신이 대통령으로서 권한 행사를 계속하겠다는 뜻이며, 동시에 최순실 게이트에서 국민의 눈을 돌리려는 속셈이라는 비판을 받았다.

17일에는 국회에서 최순실 게이트 조사를 위한 특검 설치 법안이 제출되었다. 그러자 이에 반대하는 여당의 김진태 의원이 "오늘 법안이 통과된다고 하면 촛불에 밀려서 원칙을 어기는 법사위 오욕의 역사로 남을 것"이라고 비판했다. 그리고 이어서 "촛불은 촛불일 뿐이지 결국 바람이 불면 다 꺼지게 돼 있다"라며 촛불집회 자체를 모욕하는 발언을 했다. 전 공안검찰 출신인 김진태 의원은 박근혜 대통령에게 충성을 맹세한 대표적인 친박파로서, 친박의 '돌격대장'이라고도 불렸다. 프롤로그에 쓴 '조선일보 주필의 대기업 향응 의혹'을 폭로하고, 문재인 전 민주당 대표가 노무현 정권 시절에 북한에 의견을 구했다며 '종북 몰이'를 하는 등 비판 세력의 입을 틀어막는 일에서 선봉에 서온 인물이었다.

한편 19일에 촛불집회를 반대하는 집회가 열린다는 소식이 전해졌다. 박사모('박근혜를 사랑하는 사람들의 모임'으로, 회원 수 7만 3,000명)라는 단체를 주축으로 국민행복실천협의회, 헌법수호시민연대, 엄마부대 등의 단체가 주최할 예정이었다. 이후 '태극기집회'라고 불리는 이 집회 참가자들은 촛불집회가 열릴 때마다 같은 날짜에 서울역 앞, 시청 앞 광장 등에서 대규모 집회를 열었다. 태극기집회에서는 참가자들이 군복을 입은 모습이나, 태극기와 미국 성조기를 함께 손에 들고 행진하면서 애국가를 부르는 모습이 화제가 되었다. 당초 그들이 등장하자 촛불집회에 참가한 시민을 도발해 폭력을 휘두르도록 유도하고 폭력집회라는 오명을 씌우는 게 목적이 아닐까 우려하는 시선도 있었다. 그러나 경찰의 엄중한 경계와 차단 작전으로 시민 사이의 충돌은 끝까지 일어나지 않았다.

이런 사태를 종합해보면 박근혜 대통령 측의 전략이 뭔지 알 수 있을 것 같았다. 국회에서 도발적인 언동으로 혼란을 일으키고, 국민 여론이 둘로 나뉜 듯 거짓 국면을 만들어내고, 자신은 법과 정의를 지키는 편이라고 자처하며 국민의 분노를 다른 방향으로 유도하는 전략 말이다. 계절도 가을에서 겨울로 접어드니 날씨가 추워지면 자연스레 집회 참가자가 줄어들 거라고, 시간을 벌면 국민의 심경에도 변화가 나타날 거라고 낙관하고 있었는지도 모른다. 그러나 그런 의혹에 단호하게 'NO'를 들이댄 것은 역시 광장의 분노한 시민들이었다.

지방의 집회 안내 지도

4차 집회 때는 서울에 집중하기보다, 각자의 거주지에서 열리는 집회에서 '생활형' 저항운동을 구축해 확대해나가는 방향을 지향했다. 퇴진행동의 페이스북과 「한겨레신문」 등에 게재된 '대동하야지도'에는 각 지역의 어디에서 몇 시부터 집회가 열리는지가 한눈에 알아보기 쉽게 정리되어 있었다. 지도 이름은 1861년 조선시대 지리학자 김정호가 전국을 걸어서 답사해 만든 대동여지도에서 유래했다. 일본으로 보자면 이노 다다타카의 지도에 필적하는 문화유산이다. '대동大同'이라는 단어는 누구나 차별받지 않으면서 평등하고 풍요롭게 사는 사회를 뜻한다. 특히 일본의 식민지 지배와 부패한 조선왕조에 저항할 때 농민의 버팀목이 된 동학(기독교 등의 서학에 대해 조선의 독자적인 가르침이라는 의미)의 창시자 최제우가 제창한 사상으로 유명하다.

대동하야지도에 따르면 17일 시점에서 서울 외에 경기도에서 수원 등 8곳, 충청남도에서는 천안 등 10곳, 충청북도에서는 단양 등 2곳, 전라북도에서는 전주 등 7곳, 전라남도에서는 여수 등 17곳, 경상남도에서는 창원 등 15곳, 경상북도에서는 경주 등 12곳, 강원도에서는 강릉 등 8곳, 제주도에서는 제주시 등 2곳, 광역시에서는 세종, 대전, 광주, 인천, 대구, 울산, 부산시(남구 등 4곳)에서 실시될 예정이었다. 또 당일에도 실시간으로 정보를 업데이트하면서 시시각각 운동 확산 소식을 전했다.

집회에는 이틀 전에 막 수능시험을 마친 고등학생들이 대거 참가할 것으로 예상되었다. 그와 함께 학생들에게 스포트라이트를 비춘 취재가 두드러졌다. 한 고등학생은 "헬조선이라는 단어를 자주 접하는데, 이제 제정일치(최순실과 박근혜가 샤머니즘에 심취해 있다는 보도가 나오면서 화제가 된 것을 빗대어)라고 하는 걸 보니 '고조선'이었네요"라며, 학생답게 역사 지식을 빌려 현실을 꼬집기도 했다. YTN과 인터뷰한 고등학교 3학년생은 다음과 같이 논리 정연한 의견을 펼쳐 기자들을 놀라게 했다.

"지금 우리나라는 민주공화국이죠. 이 민주공화국을 잘 유지하고 발전시키기 위해서는 민주주의가 무엇인지를 알아야 합니다. 그런데 민주주의라는 건 책을 읽거나 글로만 배워서 익힐 수 없습니다. 실제로 민주시민이 되기 위해서는 민주주의가 무엇이고 민주시민이 되기 위해서는 무엇을 갖춰야 하는지 몸으로 터득할 수 있어야 합니다. 그런 계기가 있다면 정말 좋은 기회거든요. 이번처럼 폭력이 배제된 평화로운 집회와 시위를 통해서 어린 청소년, 그리고 대학생, 젊은 청년이 이렇게 몸으로 민주주의를 만들어갈 수 있구나 하고 느낀다면 어떨까요. 이번 사태, 물론 잘 해결돼야 하고 국민적으로나 국가적으로 불행한 일이지만 그래도 어느 정도 소득이 있을 것 같습니다."

이날은 오후 2시부터 동대문역 방면, 홍대입구, 삼각지역, 대학로(마로니에공원) 등에서 사전집회를 열고 광화문으로 향했다. 오후 4시부터는 세월호참사가족협의회가 주최한 시국강연회, 5시부터는 시민의 자유발언 시간, 그리고 6시부터 본집회가 열렸고, 7시 반에 청와대를 향해 행진을 시작했다. 국민의 목소리에 귀를 닫은 정권 측의 '나 몰라라'식 행태와, 밥그릇 싸움에만 열을 올리며 우왕좌왕하는 야당의 행동에도 불구하고 촛불을 손에 든 사람들의 발걸음은 조금의 흔들림도 없이 이어졌다. 서울에서 60만 명, 지방에서 36만 명이 참가한 4차 집회도, 연행자와 부상자 없이 평화롭게 막을 내렸다.

제 2 장

박근혜를 탄핵하다!

11월 26일 5차 촛불집회

박근혜 퇴진을 외치는 200만의 함성과 200만의 촛불

참가 인원 서울 150만 명, 지방 40만 명

'최순실 쇼크'에 괴로워하는 국민

"대한민국이 '최순실 쇼크', '순실증'을 앓고 있다. '뭐 하러 열심
히 사나'라는 말 한마디에 집단 감염됐다. 허탈감과 분노는 빠
르게 번지고 있다."

「국민일보」가 11월 2일자 신문에서 한국 사회의 위기 상
황을 '최순실 쇼크'라고 표현했다. 정치 경력이나 전문 지식
도 없는 일반인이 대통령과의 개인적인 관계를 이용해 국가
를 좌지우지했을 뿐 아니라 수천억 원을 축재했다는 사실이
준 충격의 크기를 설명한 것이다.

이번 쇼크의 원인이 "능력주의와 평등이라는 민주주의의
가치가 송두리째 부정당했기 때문"이며, "2002년 월드컵 이
후 한국 사회가 나아지고 있다는 생각이 지배적이었는데 이

번 최순실 게이트는 그 반대라는 점에서 오는 절망이 컸기 때문"이라고 분석한 학자도 있었다(「국민일보」).

잃어버린 자신감을 되찾기 위해서는 이제 국민이 나설 수밖에 없었다. 그리고 그 움직임은 지금껏 정치적 득실을 따지면서 어중간한 자세를 취하던 야당의 등을 떠밀었다.

매주 100만 시민이 광장에 모여 목이 터져라 퇴진을 외쳐도 꿈쩍 않는 대통령에게 취할 수 있는 합법적인 방법은 '탄핵재판'에 의한 파면밖에 없었다. 탄핵은 대통령과 국무총리, 행정부 고급공무원이나 법관이 직무수행을 하면서 헌법과 법률에 위배되는 행위를 할 때 발의하는 제도이다. 일반적으로 국회 재적 의원 3분의 1 이상의 요구로 발의되며, 과반수 찬성으로 가결된다. 다만 대통령이 대상일 경우에는 요건이 더욱 엄격해서, 재적 의원의 과반수가 발의하고 재적 의원 3분의 2 이상이 찬성해야 가결된다. 또한 만에 하나 이것이 부결되면 대통령에게 면죄부를 주는 꼴이므로, 식물인간 상태의 대통령을 부활시키는 구실로 작용할 위험도 존재한다. 하지만 국민의 요구는 확고했다.

21일 최대 야당인 더불어민주당은 탄핵 추진을 당론으로 결정했다. 이어서 야당 3당이 공동으로 소추안을 제출하는 데 합의했고(24일), 이튿날에는 국민의당이 소추안에 대통령의 '뇌물죄'를 포함할 것을 결의했다. 국회 의석 분포를 보면, 새누리당(여당) 128명, 더불어민주당 121명, 국민의당 38명, 정의당 6명, 무소속 7명이었다. 4월 총선에서 약진한 야당은 총 의석수에서는 여당을 제쳤다. 하지만 야당의원 중에서도 이탈자가 나올 가능성을 고려한다면, 탄핵소추안을 가결하기 위해서는 여당 내에서 30명 이상이 찬성표를 던져야 했다.

20일에 발표된 '검찰 특별수사본부'의 1차 수사 결과에는 최순실 등의 국정농단 혐의에 대해 박근혜 대통령이 공범으로 적시되었다. 이제는 대통령을 참고인이 아니라 피의자로서 조사할 방침이 확실해졌다. 26일로 예정된 집회 준비가 활기를 띠면서 지난번 집회를 웃도는 시민 참여가 예상된다는 점도 여당에 큰 압박으로 작용하는 상황이었다. 뒷날 새누리당에서 나와 바른정당을 창당하는 유승민 등의 여당 내 '비박파'가 찬성 쪽으로 돌아서는 것이 아닌가 하는 소문도 현실감을 띠기 시작했다. 국민이 버린 대통령을 받든 채로는 다음 선거에서 이길 수 없다는 당리당략수준의 움직임이었지만, '친박파=주류파'에는 충분히 위협적이었다.

26일은 아침부터 우중충한 구름이 시내를 뒤덮었다. 기온도 점점 떨어져서 오후부터는 진눈깨비까지 날리기 시작했다. 서울에 내린 첫눈이었다. 여느 해 같으면 멋진 레스토랑과 카페가 다정한 연인들로 붐볐을 시기지만 올해는 그림자조차 찾아볼 수 없었다. 그 대신 두꺼운 겨울옷에 우비를 걸치고 품에 핫팩을 품은 커플이 손을 잡고 광화문광장으로 향하는 모습이 여기저기서 보였다. 탄핵소추에 찬성하지 않으면 국민에게 호된 지탄을 받을 것이라고 의원들에게 경고하기 위해서는 이전보다 더 강력한 의사 표시가 필요했다. 그런데 이런 날씨에 과연 사람들이 얼마나 모일 수 있을까. 다들 마음속으로 불안과 실망을 감출 수 없었다.

오후 4시부터는 청와대를 포위하듯 에워싸는 인간 띠 잇기 행사가 예정되어 있었다. 그런데 모두의 예상을 뒤엎고, 악천후에도 아랑곳하지 않은 많은 사람이 몰려 거대한 띠를 만들어냈다. 기온은 3도. 차가운 대기가 시민들의 열기에 쫓겨 조금씩 물러나는 듯했다. 오후 6시로 예정된 집회가 시작될 무렵에는 참가자 수가 이전 토요일과 다름없을 정도로 불어나 있었다. 사람들이 손에 들고 있던 것은 어떤 바람이 불어도 꺼지지 않을 LED 촛불이었다. 사실 집회 날은 그 근방이 오도 가도 못할 정도로 혼잡한데, 혹시라도 촛불이 어디로 옮겨붙진 않을까 조마조마한 적도 있었다. 그러나 광장의 민주주의 문화는 끊임없이 진화해갔다. 저녁 8시, 무대에서 참가 인원이 서울에서만 150만 명을 넘었다고 발표했다. 대동하야지도의 집회 장소도 전국적으로 100여 곳을 웃돌았다. 그 사실만으로도 정권에 적지 않은 타격을 줄 수 있었다.

얼마 안 있어 광장으로 이어지는 대로가 그 어느 때보다도 강렬한 흥분과 감동에 휩싸였다. 무대에 선 사회자가 1분간 소등을 요청했다. 8시가 조금 넘은 시간, 빛의 바다를 이루었던 광화문광장이 순식간에 어둠으로 변했다. 짧은 침묵 이후, "박근혜는 퇴진하라!"라는 외침이 곳곳에서 터져 나왔다. 그 목소리는 처음에는 차분하게, 그러나 점차 강도를 높여가며 수없이 반복되었다. 그와 동시에 광장의 빛이 되돌아왔다. 손쉽게 점등할 수 있는 LED의 위력이 유감없이 발휘되었다. 주변을 둘러보니 스마트폰 화면에 띄운 촛불도 흔들거리고 있었다. 이윽고 사람들은 반짝이는 빛을 손에 들고서 다 같이 어깨를 흔들며 노래를 부르기 시작했다. 나직이 퍼져나가던 노랫소리는 어느덧 서울의 밤공기를 뒤흔들 듯 메아리쳤다.

어둠은 빛을 이길 수 없다
거짓은 참을 이길 수 없다
진실은 침몰하지 않는다
우리는 포기하지 않는다

2014년 4월 16일, 수학여행길에 나선 고등학생을 포함한 304명이 차디찬 바다 밑으로 잠겼던 세월호의 비극이 일어났을 때, 희생자 추모와 진상 규명을 바라며 가수 윤민석이 지은 〈진실은 침몰하지 않는다〉라는 노래였다.

많은 시민이 집회장 곳곳에서 독창적인 아이디어를 뽐내는 가운데, 색다른 방법으로 자신의 의사를 표현한 사람들도 눈에 띄었다. 그중 가게를 지키느라 가까운 집회장에도 발길을 옮기지 못한 상점 주인의 심정을 전한 보도가 화제를 불러일으켰다.

"조선업 불황과 지진, 태풍으로 안 그래도 한숨만 나오던 상황에서 국정농단사태를 보니 열불이 나더라. 대통령이 하야할 때까지 술을 원가로 제공해 답답한 시민들을 위로하고 내 방식대로 시위하고자 한다." '박근혜는 하야하라'라는 현수막을 내건 식당 주인, 울산

재벌 로고와 함께 구속된 내통령.

편의점에서도 촛불을 팔기 시작했다.

"촛불집회에 참가한 100만 명을 제외한 4,900만 명이 대통령을
지지한다는 건 말도 안 되죠. 영업 때문에 집회에는 못 가지만
이렇게라도 동참하고 싶었습니다."

"우리는 큰 것을 바라지 않았다. 열심히만 하면 인정받고, 노력
하면 원하는 꿈을 이룰 수 있다고 믿었다. …… (정권 측은) 조금
만 버티면 우리들이 잊을 거라고 생각하는가. 아니다. 우리가
있는 한 오늘은 입에서 입으로 글에서 글로 기억될 것이다."

여러 신문에서 음식 무료 제공이나 '하야빵' 등 시국을 풍
자한 상품을 판매하는 경영자들의 다양한 아이디어를 소개
해 많은 공감을 불러일으켰다. 물론 시국에 편승한 상술이
라며 비난하는 이들도 있었다. 하지만 "집회 참여 여부를 일
일이 확인할 수 없는데도 무료로 음식을 주겠다고 할 정도
니, 단순한 마케팅은 아니라고 생각한다. 그만큼 정부에 실
망했다는 뜻이니 쓸쓸한 현실이다"(연합뉴스)라고 말하는
시민의 의견에 귀를 기울이고 싶었다.

며칠 뒤, 언론에 소개된 가게에 친박단체 소속으로 추정
되는 사람들로부터 협박전화가 여러 차례 걸려왔다는 소식

이 알려졌다. 그중에는 여럿이 떼로 들이닥쳐서 주인에게 시비를 걸며 소동을 부린 사람들도 있었다고 한다. 용기 있는 행동을 하는 누군가에게 반대 입장에 선 사람들이 테러에 가까운 괴롭힘을 가하는 것도 세계적으로 공통된 현상일까.

12월 3일 6차 촛불집회

촛불의 선전포고, 박근혜 즉각 퇴진의 날

참가 인원 서울 170만 명, 지방 62만 1,000명

기대를 배신한 3차 대국민 담화

집회를 열 때마다 더욱 거세지는 국민의 퇴진 요구는 국회에 커다란 압박을 가했다. 처음에는 야당 측이 박 대통령에게 영수회담을 제안(추미애 더불어민주당 당대표, 11월 14일 철회)하는 등 민심보다 당의 주도권을 우선하는 자세를 보여 비판을 많이 받았지만, 28일에는 야당 3당이 공동으로 탄핵소추안을 제출하는 데 합의했다.

같은 날, 전직 국회의장을 비롯한 원로 20명이 모여 '4월 하야', '거국중립내각 구성' 등의 내용이 담긴 제안을 발표했다. '당면 국가 위기 타개를 위해서'라는 명목이었다. 하지만 거세지는 국민 여론을 일단 진정하고 대통령의 연명을 꾀하고자 한 계책에 불과하다는 것쯤은 쉬이 간파할 수 있었다. 11월 17일에는 '박근혜 정부의 최순실 등 민간인에 의

한 국정농단 의혹 사건 규명을 위한 특별검사의 임명 등에 관한 법률안(특검법)'이 통과됐다. 하지만 공식적으로 수사를 시작한 것은 12월 21일이었다. 대통령에게 불리한 사실이 더 폭로되기 전에 책임 추궁을 피하고 정당 간에 혼란과 분열을 야기하려는 의도도 엿보였다. 적당한 시기를 가늠하고 있었던 듯 대통령은 29일 오후 2시 반에 세 번째 대국민 담화를 발표했다.

"저는 1998년 처음 정치를 시작했을 때부터 대통령에 취임하여 오늘 이 순간에 이르기까지 오로지 국가와 국민을 위한다는 마음으로 모든 노력을 다해왔습니다. 단 한순간도 저의 사익을 추구하지 않았고 작은 사심도 품지 않고 살아왔습니다. 지금 벌어진 여러 문제 역시 저로서는 국가를 위한 공적인 사업이라 믿고 추진했던 일이었고, 그 과정에서 어떠한 개인적 이익도 취하지 않았습니다. …… 저는 제 대통령직 임기 단축을 포함한 진퇴 문제를 국회의 결정에 맡기겠습니다."

많은 이들이 이번에야말로 대통령이 자신의 과오를 인정하고 즉각 퇴진을 표명하리라 기대하고 있었다. 그러나 4분 가량 이어진 담화는 국민의 기대를 보기 좋게 배신했다. 본인이 오로지 국민과 국가를 위해서만 일해왔다는 말에는 실소마저 흘러나왔다. 대통령 관저에 닿기를 바라며 사방을 에워싸고 외쳐댔던 '즉각 퇴진'의 목소리에는 전혀 귀를 기울이지 않겠다는 배짱이 느껴졌다. 그야말로 국민에 대한 조소와 다름없었다.

자신의 진퇴 문제를 국회에 맡긴다는 건 절대 물러설 뜻이 없다는 메시지였다. 국회에서 여당과 야당이 헛된 논의를 거듭하며 혼란에 빠져 있는 사이, 조금이라도 유리한 방향으로 태세를 전환하려는 속셈으로 보였다. 또한 검찰 수사 이전에 각종 증거를 은폐할 시간을 벌기 위한 기만전술이 통할 것이라 생각하는 듯했다. 지난번의 다소 침통했던 표정과는 반대로 미소마저 머금은 여유 있는 태도는 국민의 분노를 폭발시키는 기폭제가 되었다.

새누리당도 해산이다!

지난번의 매서웠던 날씨와 달리 이날 기온은 서울 10도, 부산 15도로 예상되었다. 블로그에는 이제 12월이라 핫팩을 챙기는 건 물론 온열내의까지 껴입고 '출동'했는데 땀이 날 지경이었다는 후기가 많았다. 시내 곳곳에서 사전집회가 진행되었고, 여의도 새누리당 당사 앞에서도 규탄집회

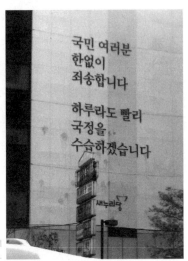

국민 여러분
한없이
죄송합니다

하루라도 빨리
국정을
수습하겠습니다

새누리당

성난 시민들이 새누리당 당사에
달걀을 던졌다.

가 열렸다. 박 대통령과 함께 국정을 주물러왔던 여당의 책임도 무거운데, 아직껏 충분히 반성하지도 않고 대통령의 목숨 연명에만 몰두하는 태도에 국민의 엄중한 비판이 집중되었다. 말만 번드르르한 사죄 현수막이 붙은 본부를 향해 시민들은 주먹을 높이 치켜들었다. "새누리당도 공범이다!", "새누리당 해체하라!" 하고 외치며 벽에다 날달걀을 던지기도 했다. 거짓 사죄 따위는 받지 않겠다는 단호한 메시지였다.

이어서 시위대는 KBS 방송국으로 향했다. 박근혜-최순실 게이트의 진실을 파헤치기보다 '북한 도발'과 관련된 보도에 대부분의 시간을 할애하면서 국민의 눈을 다른 곳으로 돌리려고 한 그간의 행태에 항의하기 위해서였다. 본관 앞에서 '심판하자! 개누리당과 친일 독재 후손 정권! 국민을 X로 아는 썩은 정권에 진정한 국민의 힘을 보여줍시다. 모두 모여 외칩시다! 광화문광장으로'라고 쓴 플래카드를 들고 묵묵히 서 있는 소년을 보고 사람들은 갈채를 보냈다.

시위대가 다음으로 향한 곳은 전국경제인연합회 빌딩이었다. 전경련은 최순실에게 특혜를 주기 위한 미르문화재단과 K스포츠재단 설립을 주도하며 전경련 소속 대기업으로부터 자금을 모으는 역할을 맡았다. 모금액은 자그마치 774억 원이었다. 이때 삼성전자는 최순실 딸의 승마훈련 지원 명목으로 거액을 출연했다. 삼성전자는 이로 인해 그 뒤 명백한 뇌물죄로 기소됐다(2017년 4월 17일).

시위에 참가한 사람들은 그대로 지하철을 이용해 광화문으로 향했다. 그런데 평소의 몇 배나 되는 인원이 좁은 플랫폼에 몰려든 탓에 중간에 몇 번이나 앞으로 나가지 못하고 주춤거렸다. 계단과 통로에 멈춰 선 사람들은 "박근혜는 즉각 퇴진하라!"라는 구호를 반복해서 외쳤다. 지하철 통로가 졸지에 집회장이 된 것 같았다. 겨우 지하철에 올라탔지만, 광장에서 가장 가까운 광화문역은 너무 혼잡해 타고 내리기가 위험하다는 방송이 흘러나왔다. 결국 광화문역을 그대로 통과해 다음 역인 종로3가에서 내려 광장까지 걸어가야 했다.

6차 집회는 집회 자체보다 국민의 분노를 청와대에 직접 표출하는 행진에 중점을 뒀다. 타이틀도 대통령 담화에 정면으로 맞서는 '촛불의 선전포고'이자 '박근혜 즉각 퇴진의 날'이었다.

이번에는 청와대에서 100미터 떨어진 지점에 있는 '청와대 분수대 앞'까지 행진을 신고했다. 늘 그래왔듯 경찰은 금지 통고를 내렸지만, 서울행정법원은 가처분신청을 일부 허용했다. 현행 '집회 및 시위에 관한 법률'이 보장하는 대통령 관저와의 최단거리였다. 청와대 100미터 앞에 차벽을 친 경찰들의 태세는 엄중했다. 긴장한 탓에 얼굴이 굳어 있는 것 같기도 했다. 국민의 분노가 예측할 수 없는 사태를 일으킬지도 모른다는 두려움이 이례적인 긴장감을 자아내고 있었는지도 모른다.

그러나 세월호 유가족을 선두로 진행된 행진은 '예측할 수 없는 사태'와는 무관하게 청와대로 향하는 파도처럼 끊임없이 우렁찬 함성을 내보냈다. 경찰버스에는 귀여운 꽃 스티커를 붙여 비폭력 결의를 내비쳤다. 이윽고 사람들의 행진 대열 사이로, 굵은 밧줄을 둘둘 감은 거대한 박근혜 인형이 끌려나왔다. 구호도 '퇴진'에서 '구속'으로 바뀌어 있었다. '명예로운 퇴진' 따위는 있을 수 없다는 국민의 심판이 부패한 정권을 똑바로 겨냥하는 상징적 장면이었다.

지방에서도 달아오른 집회

　지방의 상황은 어땠을까. 부산 중심부에서는 이미 20만 명의 인파가 집회 행진을 지켜보고 있었다. 어떤 사람들은 새누리당 당사 간판 옆에 '공범이당'이라는 현판을 크게 붙였다. 딸과 손주와 함께 나왔다는 1987년 민주화운동 세대의 여성은 가족의 심경을 이렇게 전했다.

"소리에 민감해서 큰 목소리에는 귀를 막던 손자 녀석이, 이 어마어마한 상황에서 기쁜 마음으로 호응해주었죠. 시가행진까지는 참가할 수 없었지만 훗날 정의로운 민초들 사이에 끼어 미약하나마 힘을 실을 수 있었다고, 그렇게 말할 때가 오겠지요."
블로그 '숲에서 보는 하늘' 중에서

보수의 아성이라 불리던 대구에서도 지난번에 이어 5만에 가까운 사람들이 촛불을 들고 시내를 행진했다. 어떤 이는 정신없이 슬로건을 외치고 노래를 부르며 걸어가다 보니 집에서 꽤 멀리 떨어진 곳까지 가버리는 바람에 돌아갈 때 택시를 탔다고 했다.

"택시를 타고 가는데 기사가 너무 고생했다며 택시비를 깎아주었다. 일 때문에 못 나갔는데 비번이었으면 서울 집회에 나갈 생각이었다고 했다." 블로그 '아라, 모 하 나?' 중에서

민주화운동의 요람인 광주에서는 폭 40미터에 달하는 널찍한 금남로가 15만 시민으로 가득 메워졌다. 당시 더불어민주당 전 대표인 문재인이 광주를 방문한 모습도 전해졌다. 그 열기는 1980년 5월 광주 민주화운동의 그날을 떠올리게 했다.

"아기를 안고 온, 아기띠를 맨 엄마의 모습이 보입니다. 추울까봐 목도리로 아이의 목을 칭칭 감아주는 부부의 모습이 보입니다. 세발자전거를 타고 있는 어린이의 모습이 보이고, 유모차에서 곤히 자고 있는 아이의 모습도 보입니다. 부모의 보살핌과 어른들의 배려로 어린아이들도 이 자리에서 촛불을 들 수 있었

습니다. 시국은 험난한데 사람들의 표정은 희망과 비장함으로 가득 차 있습니다." ^{블로그 '콩이의 하루' 중에서}

집회가 열리기 얼마 전에는 참신한 아이디어 하나가 주목받았다. '박근혜 대통령 탄핵 청원 서비스'를 제공한 박근핵(박근혜 탄핵)닷컴이라는 사이트인데, 12월 1일에 오픈하자마자 순식간에 청원이 쇄도했다. 일단 스마트폰이나 컴퓨터로 접속하면 나타나는 첫 화면에서 '의원 검색 및 청원'을

탄핵재판이 열린 헌법재판소.

클릭하면, 거주자의 지역구 의원 이름과 소속, SNS 등의 연락처가 표시되는데, 우측 칸에 자신의 이름, 메일주소, 메시지를 입력하고 전송 버튼을 누르면 끝이었다. 그렇게 하고 나면 자동으로 해당 의원에게 '대통령 탄핵을 요청합니다'라는 제목의 이메일이 발송되고, 동시에 의원의 탄핵 찬성 여부를 그래픽으로 보여주었다. 사이트 운영자는 탄핵을 요구하는 국민의 목소리를 직접 전달할 수 있다는 점에서 의의가 있다고 설명했다. 탄핵소추안 표결 전날에 90만 건의 메일이 의원들에게 발송되었으니, 소추안 찬성에 큰 압력으로 작용했을 것이다. 특히 비박파의 리더인 새누리당 김무성 의원에게는 5만 8,000건의 메일이 집중되어 가결을 향한 결단을 촉구했다.

탄핵소추안 가결되다

12월 9일 오후 4시, 박근혜 대통령의 탄핵소추안이 국회에서 가결됐다. 찬성 234표, 반대 56표, 기권 2표, 무효 7표였다. 이날 유튜브 등에서 실시간으로 투표 중계를 지켜본 사람들은 14만 명에 달했다. 야당과 무소속 의원 172명이 전부 찬성표를 던졌다면, 새누리당에서 62명의 이탈자가 나온 것으로 해석된다. 국민의 목소리를 거스르다가는 자신의 정치 생명이 단축될 것임을 깨달아 취한 행동일 테니, 결국 광장에 모인 사람들의 힘이 다시금 증명된 셈이다. 탄핵소추의결서는 가결된 즉시 헌법재판소와 청와대의 총무비서관실로 보내졌다. 이로써 대통령의 직무는 정지되었다. 촛불투쟁은 다양한 경험을 더해가면서 새로운 발걸음을 내딛고 있었다.

12월 10일 7차 촛불집회

박근혜 정권 끝장내는 날, "안 나오면 쳐들어간다!"

참가 인원 서울 80만 명, 지방 24만 3,400명

조합원도 우리의 동료

기분 탓일까. 전날 탄핵소추안 가결을 지켜본 시민들의 발걸음이 가벼워 보였다. 하지만 앞으로 진행될 헌법재판소의 탄핵심판을 낙관할 수만은 없었다. 박진 퇴진행동 공동 상황실장이 인터뷰에서 이야기한 것처럼 헌법재판소는 정치를 초월한 중립 기관이 아니라 '지극히 정치적인 기관'이었기 때문이다. 통합진보당이라는 합법적 정당을 '내란 음모를 꾀했다'는 죄목으로 해산한 일(2014년)이나 전국교직원노동조합을 법외노조로 본 교원노조법을 합헌이라 판결한 일(2015년) 등을 보면, 정권의 입맛에 맞춰 판결을 내려왔다고 볼 수 있었다. 이번과는 반대 경우였던 2004년 노무현 대통령 탄핵재판에서는 기각 판결을 내렸다. 이것을 양심적 판결로 보느냐, 아니면 진보세력이 상대적으로 힘이

셨던 시절의 정치적 판단이라고 보느냐에 따라 이번 탄핵심판의 향방을 점칠 수 있다는 소리도 나왔다.

임기가 1년밖에 남지 않은 대통령 측을 지지할 근거는 부족했다. 또 국민 대다수가 촛불을 들고 탄핵을 요구하는 정치역학을 따르자면 가결 가능성은 충분했다. 헌법재판소가 정치적 성격을 짙게 띠고 있다면 광장의 민주주의는 계속해서 더욱 강력하게 의사를 드러내야 했다.

이번 촛불집회의 큰 특징은 바로 조직에 속하지 않은 시민이 자발적으로 참가했다는 것이었다. 민주노총과 한국노총에 속한 조합 노동자도 시민이고 국민의 한 사람임에는 변함이 없었다. 1차 촛불집회 이후, 평일에도 곳곳에서 집회가 열렸다는 사실이 대규모 퇴진 촉구 운동으로 이어지는 데 중요한 역할을 한 것은 분명했다. 항상 누군가가 어딘가에서 목소리를 내고 있다는 것, 그것은 일상에 민주주의를 정착시키고 정치와 사회에서의 부정을 용납하지 않는 풍토를 뿌리내리게 했다.

철도노조와 공무원노조가 주장하는 성과연봉제 도입 반대, 비정규직 노동자 처우 개선과 차별철폐, 비정규직의 정규직 전환 요구 외침도, 한국 사회의 적폐에 괴로워하고 있는 사람이 결코 소수가 아니라는 것을 이야기해주었다. 사람들은 저마다 안고 있는 문제를 자유발언대에서 털어놓았다.

나이와 지역, 직업을 뛰어넘어 모든 이들이 이제껏 몰랐던 현실에 눈을 뜨고, 이를 함께 해결하기 위해 머리를 맞댔다. 지금까지 이렇게 생생하게 살아 움직이는 사회 학습의 장이 또 있었을까.

"그들이 파업투쟁을 외치고 성과연봉제에 반대하면서 일반 시민과는 조금 다른 슬로건을 들고 있다고 해도 민폐라고 생각하지는 말아주세요. 그들도 그들 나름의 이유가 있어서 큰 목소리로 외치고 있다는 것을 이 자리를 빌려 말씀드리고 싶습니다. 머리띠를 두른 우락부락한 남자들이 깃발을 들고 목에 핏대를 세우는 모습에 위화감을 느끼고, 익숙지 않다고 해서 비난하거나 선입관을 가지고 보지 말아주세요. 지하철을 운행하고, 열차를 정비하고, 대학병원에서 환자를 돌보는 그들의 평소 모습은 우리와 다를 게 없습니다. 아니, 완전히 똑같다고 할 수 있죠. 비난하고 민폐라 여기는 마음은 오히려 그들을 거리로 내몬 사람들에게 향해야 하지 않을까요."

블로그 '오감'의 '촛불집회에서 노동조합을 보면 불편하신가요?' 중에서

한국에서는 노동조합 활동을 사회주의운동이라고 왜곡하는 시선이 있어왔다. 오랜 시간 '빨갱이'나 '좌익' 딱지 붙이기가 지속되어온 탓이다. 박근혜 퇴진을 외치는 시민 가

운데도 '조합 알레르기'를 앓는 사람이 있는 것 같다는 어느 블로거의 지적은 촛불집회가 한국의 역사를 다시 쓰는 국민 운동으로 발전하기 위해서는 더 큰 포용력과 연대를 추구해야 한다는 절실한 호소처럼 느껴졌다. 이제는 촛불이 대통령 한 사람을 퇴진시키는 데 그치지 않고, 사회 전체를 대수술하는 거대한 당면 과제를 자각해야 한다고 요구하는 단계에 이른 듯했다.

자원봉사자의 헌신

매년 12월이 되면 시청 앞 광장에는 거대한 크리스마스 트리가 등장하고, 잔디광장은 시민이 즐길 수 있는 스케이트장으로 변신했다. 이것이 서울의 흔한 겨울 풍경이었다. 예년 같으면 김장을 끝내고 겨울맞이에 여념이 없는 시기였고, 날씨는 쌀쌀해도 왠지 마음이 들뜨는 화려함과 분주함이 느껴지곤 했다. 그러나 2016년 서울시에서는 스케이트장을 휴장했다. 아직 진행 중인 촛불집회를 고려한 박원순 시장의 결단이었다. 4시부터 시작되는 청와대 포위 행진 두 시간 전쯤 광장에 도착하니, 대형 트리가 땅을 드러낸 원형 광장 한가운데 우뚝 서서 시민의 방문을 무료하게 기다

리고 있었다. 올겨울은 차가운 눈까지 녹여버릴 열기에 휩싸일 것 같은 예감이 들었다.

헌정 사상 최대 규모를 기록한 지난주에 이어, 이날도 오후의 거리를 메운 사람들의 발걸음은 멈출 줄 몰랐다. 주말마다 100만이 넘는 사람들이 비폭력을 주장하며 질서 정연하게 행동하는 모습은, 지금 이 순간에도 공포와 폭력이 지배하는 21세기의 지구촌을 둘러보면 기적이라고 불러야 할

시설 안내 봉사자.

'화장실을 개방합니다' 스티커.

사건이었다. 그 기적을 이룬 것은 참가자 한 사람 한 사람의 열정이었다. 그러나 음지에서 봉사활동을 이어간 자원봉사자들의 공로 또한 컸다는 사실을 잊어서는 안 될 것이다.

서울시에는 서울시자원봉사센터라는 이름의 기구가 있다. 2006년 서울시 행정과에 소속된 사단법인으로 발족한 이후, 재해 복구 작업과 소외계층 지원 등 다양한 활동을 전개해왔다. 이번 대규모 집회 때 서울시자원봉사센터는 안전 확보, 화장실과 교통기관 안내 등 쉼 없는 활동을 이어왔다.

퇴진행동 측에서도 홈페이지에서 신청을 받아 매번 약 100명의 요원을 확보해 촛불과 손팻말을 배포하고, 집회 질서 유지에 힘썼다. 미아방지센터와 의료구급팀 운영은 아이와 함께한 참가자와 고령자를 배려한 대책이었다. 양쪽 모두 20회가 넘는 집회 기간 동안, 총 1,000여 명에 달하는 자원봉사자를 곳곳에 배치해 집회가 안전하고 원활하게 진행되도록 도왔다. 이밖에도 무대 진행 상황을 시각장애인에게 전하는 수화통역 봉사자도 중요한 역할을 했다.

"2~6차 촛불집회 땐 소속된 곳은 다르지만 뜻을 같이하는 수화통역사 2~4명이 함께 활동했습니다. 7차 촛불집회 때는 저를 포함한 6명으로 자원봉사단이 꾸려졌습니다. 본대회 수화통역은 3명이 20~30분씩 번갈아가며 합니다. 그쯤 해야 집중력이

흐트러지지 않기 때문이죠. 4차 때는 날이 추워 손이 어는 바람
에 10분씩 돌아가며 했습니다. 26일 5차 촛불집회 때 무대 앞
에 있던 청각장애인들이 저희 수화 동작을 따라하면서 가수 양
희은 씨의 노래를 같이 부르는 모습이 감동적이었습니다."

수화통역사 박미애 씨, 「세계일보」 12월 17일 기사

대통령 탄핵소추안 발표에 따라 그때까지 검찰수사를
통해 드러난 박근혜-최순실 게이트의 윤곽이 어느 정도 뚜
렷해졌다. 앞으로 특검 수사와 언론의 추적을 통해 거대한
의혹의 베일이 서서히 벗겨질 것이라는 기대가 커졌다.

이에 앞서 국회에서는 청문회를 실시해 진상을 규명한다
고 예고했고, 대통령 측은 탄핵재판에 대비해 대리인단을
결성했다. 서울고등검찰청 검사 출신인 이중환 변호사를 비
롯해 4명이 이름을 올렸고, 이후 다른 인원이 추가로 합류
하면서 1월 3일 1차 변론에서는 전부 9명이 되었다. 국정농
단 진상 규명과 대통령의 즉각 퇴진을 촉구하는 국민과, 끝
까지 자리를 지키려는 박근혜 정권의 대결은 예측 불가능한
긴장감 속에서 계속 이어지고 있었다.

박근혜가 없는 새해를 맞이하기 위해

12월 17일 8차 촛불집회

끝까지 가자! 박근혜 즉각 퇴진

공범 처벌-적폐 청산의 날

참가 인원 서울 65만 명, 지방 12만 2,500명

대통령의 권력 남용을 규탄하다

야당이 공동 제출한 탄핵소추안은 12월 2일에 일반에 공개되었다. 대강의 내용은 다음과 같다.

"각종 정책과 인사행위 관련 문서를 청와대 직원을 통해 최순실에게 건네고, 정책과 인사에 그의 의견을 반영시켰다. 그 결과 대통령의 권력을 남용해 재벌기업이 최순실 관련 재단인 미르·K스포츠재단에 대해 출연금을 내도록 강요했다. 또 문화체육관광부장관, 문화창조융합본부장, 한국콘텐츠진흥원장 등의 인사에 그의 지인을 기용하고, 최순실의 조카인 장시호가 운영하는 한국동계스포츠영재센터 등에 10억 원 가까운 예산을 지원했다."

"2014년 4월 16일, 세월호가 침몰하기까지 국가적 재난과 위기 상황을 수습해야 할 대통령이 모습을 보이지 않았다. 그러다가 오후 5시가 넘어서야 재난안전대책본부에 나타나, '구명조끼를 학생들은 입었다고 하는데 그렇게 발견하기가 힘듭니까'라고 말하여 전혀 상황파악을 하지 못하였음을 보여주었다. 서면 보고만 받고 전화로 지시를 끝내는 등 책임 있는 행동을 취하지 않고 국민의 생명과 안전을 보호하기 위한 적극적 조치를 취하지 않았던 것은 대통령으로서의 직무유기이며, 생명권 보호 의무 위배이다."

"재벌기업 대표들과 단독 면담을 통해 앞의 두 재단에 대한 출연금을 요청했는데, 그에 앞서 각 그룹의 당면 현안을 정리한 자료를 제출받도록 한 것은 출연에 대한 대가를 보장하기 위함으로, SK그룹 회장 사면, 삼성의 기업 합병, 롯데 면세점 허가 따위의 사실이 그것을 증명한다. 이는 대가성을 보이는 것으로 뇌물죄가 성립한다."

"최순실의 딸 정유라의 초등학교 동창 학부모가 운영하는 회사가 현대자동차의 협력회사가 되도록 알선했다. 포스코에는 스포츠팀을 창단하게 하고 그 매니지먼트를 최순실이 경영하는 회사에 맡기라고 강요했다. 또 최순실이 경영하는 광고회사가 대기업의 광고를 수주할 수 있도록 대기업 광고 담당 부서에 최순실의 측근을 채용하라고 요구했다. 이는 모두 직권남용에 해당한다."

이렇게 헌법정신 및 조항 위배 13개 항목, 법률 위반 8개 항목 등이 열거되었고, 마지막 결론 부분에서 다음과 같이 총괄했다.

"이러한 공권력을 배경으로 한 사익 추구는 그 끝을 알 수 없을 정도로 광범위하고 심각하다. 촛불집회에서 나타난 국민의 뜻은 세대와 이념과 출신 지역에 상관없이 평화롭게 행하는 집회와 시위에서 충분히 드러났다. 더 이상 대통령 직책을 수행하지 말라는 국민의 의사는 분명하다. 이 탄핵소추로서 우리는 대한민국 국민이 이 나라의 주인이며, 대통령이라 할지라도 국민의 의사와 신임을 배반하는 권한 행사는 결코 용납되지 않는다는 준엄한 헌법 원칙을 재확인하게 될 것이다."

이후 특검 수사를 통해 정유라와 관련된 불법 해외송금, 이화여대 입학 및 학사 특혜와 문화인 블랙리스트 작성 등의 새로운 문제가 드러나 헌법재판소에 추가 죄목으로 제출되었다.

탄핵재판 방청은 복잡한 절차와 인원 제한이 있어서 모두에게 기회가 주어진다고 말하기 어렵다. 그 대신 많은 국민이 직접 당사자에 대한 추궁과 그 답변을 들을 수 있는 기회가 마련되었는데, 바로 국회 증인심문이었다. 12월 6일에 시작된 청문회는 5차(12월 22일)까지 이어졌다. 그러나 증인 출석 요구에 '건강상의 이유'를 들며 출석을 거부하는 자가 줄을 이었다. 재벌기업 대표에 대한 1차 청문회에 이어, 2차 청문회에서는 최순실, 우병우, 안종범 등 증인 27명 중 사건의 핵심인물로 꼽히는 자들이 대거 출석을 거부했다는 사실이 알려졌다. 세간에서는 '팥소 빠진 찐빵', '무와 배추가 없는 김장'이라고 야유하며 실망을 감추지 않았다. 질문 내용도 "당신처럼 머리 나쁜 사람이 왜 경영자로 있는가", "부모님 중 누구를 닮아 태어났는가"처럼 핵심에서 벗어난 게 많았다. 이와 마찬가지로 "기억나지 않는다", "잘 모르겠다", "그럴 생각은 없었다" 등 불성실한 대답으로 일관하는 증인이 대부분이었다.

의미 있는 증언은 얼마 되지 않았다. 최순실의 측근인 고영태가 "국가권력 중에 서열 1위는 최순실이라고 생각했다", "대통령의 옷과 가방 대금을 최순실이 지불했던 것은 뇌물에 해당한다"고 한 말이나, 문화사업을 맡았던 차은택이 "최순실이 추천한 장관과 차관은 전부 임명되었다", "전화로 위증하라는 지시를 받았다"라고 한 증언은 시청자의 공분을 샀다.

아이들의 손을 이끌고

탄핵소추안 가결이라는 성과에 안도할 수는 없었다. 시민들은 또 다른 분노를 가슴에 담고 다시 광장으로 향했다. 두 달째를 맞이한 집회에서는 처음의 비장한 각오 같은 무거운 공기는 느껴지지 않았다. 가족과 함께 온 한 여성은 "이제는 일상의 일부가 되어 안 가면 뭔가 허전한 느낌이 든다"라고 말했다.

"시민들이 나와서 자유발언을 하고, 서로 손뼉 쳐주고 독려해주며 각자의 의견을 자유롭게 이야기했다. 무엇보다 멋진 뮤지션이 특급 공연을 펼쳐주니 갈 때마다 충족감을 얻고 온다. 이날 집회 때는 전제덕 씨와 말로 씨의 공연이 마음을 뭉클하게 했다. 이게 문화의 힘이구나, 음악의 힘이구나 하고 느낄 수 있었다. 그리고 이어진 행진. 아이를 업은 엄마 아빠, 할머니 할아버지, 청소년이 한목소리로 구호를 외치며 걷는 행진은 그것 자체로 무언가 해소되는 느낌을 준다. 우리가 함께 모였음을 확인하며 그동안 쌓였던 마음의 울분을 털어내는, 정화의 기능 같은 것 말이다." 블로그 '밍코의 블로그' 중에서

며칠간 지속되던 한파가 조금 수그러들었다. 아침 기온은 영하였지만 낮에는 10도 전후의 온화한 날씨가 되었다. 점심때가 지나면서 광장에서는 다양한 사전행사가 진행되었고, 저녁에 있을 본집회를 향한 태세를 갖춰가고 있었다.

그 와중에 재빠르게 12시에 집합한 젊은이들이 눈에 띄었다. '청년 산타 대작전'이라는 이름을 내건 젊은이들의 퍼포먼스는 부모의 손에 이끌려 광장을 찾은 아이들에게 즐거운 선물이 되었다. 산타 복장을 한 청년들은 "박근혜 즉각 퇴진", "탄핵 조기 가결"을 외치면서 광장을 한 바퀴 돈 뒤, 오후 4시경까지 산타 모자와 장난감 등 아이들을 기쁘게 해줄 선물을 나눠 주었다.

2시가 되자 퇴진행동 재벌구속특별위원회가 주최한 '박근혜 공범 재벌총수 구속 결의대회'와 '전국교수연구자 비상시국회의 거리 강연'이 열렸다. 박근혜-최순실 게이트의 뿌리가 얼마나 깊은지 성토하는 발언이 줄을 이었다. 3시가 되자 '박근혜 하야! 청소년 시국대회'가 종각 앞에서 많은 사람을 불러모았다. 광화문광장 입구에 있는 텐트촌의 예술가와 노동자 그룹은 벌써 청와대에서 불과 200미터 떨어진

100

청운효자동주민센터를 향해 '즉각 퇴진! 재벌 구속! 예술-노동 퍼레이드'를 시작하고 있었다.

이날 눈에 띈 슬로건 중 하나는 '황교안도 공범이다!', '황교안도 구속해라!'였다. 박근혜 정권에서 법무부장관과 국무총리를 역임한 황교안은 헌법 제71조에 따라 박근혜의 대통령 직무정지와 동시에 대통령 권한대행이 되었다. 사실 이런 상황이면 정권 여당의 장관과 정당도 대통령 탄핵소추안이 가결된 시점에 사표를 제출하든지 당을 해체하는 것이 도의였다. 그러나 현실에서는 청와대 민정수석과 새누리당 대표가 교체되는 데 그쳤다. 탄핵소추 결정의 무게는 정계에 오롯이 전해지지 않았다.

권한대행이 된 국무총리는 그 시점부터 대통령을 대신해 외교, 안보, 인사 등 국정의 중대사를 다루게 되었다. 하지만 그의 경력은 결코 환영할 만한 게 아니었다. 법무부장관 시절의 '대통령 선거 국가정보원 개입 의혹'이나 '세월호 참사 진상 규명'과 관련해 수사를 방해하거나 재벌그룹으로부터 '떡값'을 받았다는 의혹으로 비판받은 전력이 있었기 때문이다. 이대로라면 '박근혜 없는 박 정권의 연장'이 될 것이라며 많은 집회 참가자가 우려했다. 실제로 박근혜가 청와대에 틀어박힌 채 수하를 통해 지시를 내리고 모의를 꾀하는 것도 불가능하지는 않았다.

한편 대통령의 파면을 전망한 야당 측에서는 대통령 선거 후보자 선정과 관련해 물밑 작업을 시작했다. 정당성을 잃은 여당이 일련의 의혹과는 거리가 멀어 보이는 반기문에게 유일한 희망을 걸고 있다는 소문이 떠돌았다. 반기문은 연말에 유엔사무총장 임기 만료를 앞두고 귀국할 예정이었다. 이처럼 권력을 둘러싼 기성 정당의 속내와는 별개로, 이날도 지방에서는 사람들이 버스를 대절해 올라오고, 시내에서는 가족이 다 함께 광화문광장을 향하는 등 시민의 행렬이 끊임없이 이어졌다. 그들의 관심은 문제 해결을 누구에게 맡기느냐가 아니었다. 이 사회에 어떤 문제가 있는지를 알고, 어떻게 해결할 것인지 지혜를 짜내 판단하고 실행하는 것이었다. 다시 말해 오직 국민이 주인공이라는 뜻의 '민주주의'를 실현하는 데 있었다. 어쩌면 아직 시간이 필요한 먼 미래의 일처럼 보이기도 했다. 하지만 광장 잔디밭에 앉아 진지하고도 쾌활한 사람들의 함성에 휩싸여 있다 보니, 그게 결코 뜬구름 잡는 얘기가 아니라는 확신이 조금씩 샘솟았다.

12월 24일 9차 촛불집회

끝까지 간다! 9차 범국민행동

박근혜 즉각 퇴진, 조기 탄핵, 적폐 청산-하야크리스마스

참가 인원 서울 60만 명, 지방 10만 1,800명

백성은 물, 군주는 배

한국에서는 매년 이 시기에 대학교수들이 뽑은 올해의 사자성어를 발표한다. 2016년 12월 24일 「교수신문」에는 '군주민수君舟民水'가 올라 있었다. 중국의 고전 『순자荀子』 왕제王制편에 나오는 사자성어로 '백성은 물이고 군주는 배다. 배를 띄우는 것은 물이지만 백성인 물이 분노하면 배를 가라앉힐 수도 있다'라는 의미다. 이보다 더 정확하게 한국의 상황을 표현하는 말이 있을까.

대통령 측 변호인단이 헌법재판소에 '답변서'를 제출했다. 하지만 그 내용은 '특유의 유체이탈 화법'이라 비난받을 정도로 본인에게는 전혀 책임이 없다는 주장으로 점철되어 있었다. '대통령이 지인에게 의견을 구하는 것은 미국의 키친 캐비닛(사설 고문단)처럼 용인되는 것'이다, '최순실의 사익 추구와 관련된 부분은 대통령의 국정 행위 가운데 1퍼센트에도 못 미치는 영역'에 불과하다, '소추안에 제시된 것처럼 헌법과 법률 위반 행위로 볼 수 있는 아무런 증거도 없다'는 식의 변명이었다. 이런 변명을 보고 있자면 국민의 분노가 집채만 한 파도를 일으켜 끝내 배를 집어삼킬 노도怒濤가 되리라는 것을, 대통령 본인은 조금도 예상하지 못한 모양이었다.

퇴진을 촉구하는 크리스마스캐럴

되돌아보니 어느새 아홉 번째 촛불집회였다. 서울 시내는 새벽에 영하 5도를 기록했고 낮 기온도 3도에 그쳤다. 매섭게 찾아온 겨울에 바들바들 떨면서도 사람들은 집회에 참가하기 위해 두꺼운 목도리로 얼굴을 감싸고 파카를 껴입는 등 방한에 여념이 없었다. 기독교인이 많은 한국에서는 크리스마스이브가 특별한 의미를 지닌다. '성탄절 전야제'라고 해서 약간은 엄숙한 이미지도 풍긴다. 크리스마스이브에 모든 이들이 기쁨을 나눌 수 있는 것은, 다음 날이 예수 그리스도가 탄생한 날이기 때문일 것이다. 그러나 광장에 모인 사람들에게는 대통령이 퇴진할 것이라는 확실한 희망이 아직 보이지 않았다. 그렇지만 일면식도 없는 사람들이 한뜻으로 광장에서 만날 수 있다는 것 자체가 지금까지 품어보지 못한 새로운 희망일지도 몰랐다.

충북 청주시에서는 성안길에 앉아 있는 시민들에게 크리스마스캐럴을 개사한 노래 가사가 적힌 카드를 나눠 주었다. 노동자 노래패 호각 멤버들이 무대 위에서 자신들이 만든 노래를 부르며 합창을 이끌었다.

우리 시민들 수백만 모여 촛불을 들고 대단도 하다
촛불파도가 넘실거리니 흥겨워서 소리 높여 노래 부른다
박! 근! 혜! 는! 퇴! 진! 하! 라!

〈흰 눈 사이로〉

명퇴 안 돼 명퇴 안 돼
나라 말아먹은 박근혜에겐
퇴직연금 안 줘야 해
박근혜도 재벌들도
국민 무시하는 나쁜 권력들은
오늘 당장 구속돼야 해

〈울면 안 돼〉

크리스마스이브의 거리를 밝히는 촛불.

시청 앞 광장에 세워진 트리.

광화문광장에는 오후 4시부터 '물러나쇼^{show}' 콘서트가 열렸다. 에브리싱글데이, 이한철에 이어 마야와 자전거 탄 풍경 등 굵직한 이름이 연이어 나오자 광장의 분위기가 단숨에 달아올랐다. 집회장을 빠져나와 포장마차에서 파는 떡볶이와 어묵 그릇 앞에 무리를 짓고 있는 사람들도 여기저기 보였다. 앉아 있는 사람들 사이를 요리조리 빠져나가면서 방석과 김밥을 팔러 다니는 아주머니들의 모습도 익숙한 풍경이 되었다.

한 노점상의 증언에 따르면 친박집회가 열리는 시청과 덕수궁 근처에서 가게를 운영하다 술 취한 참가자로부터 폭언을 듣거나 시비에 휘말리는 사람도 있었다고 한다. 그래도 나중에 탄핵재판에서 대통령의 파면이 결정됐을 때는, 기뻐서 가게 물건을 무료로 참가자에게 나눠 주기도 했단다. 오랫동안 광장의 시간을 함께해온 시민들의 마음에는 어묵에서 피어오르는 김처럼 따뜻한 무언가가 서로 통하고 있었다.

시위가 시작될 무렵에는 "박근혜가 눌러앉아 있는 청와대로 가자", "황교안의 총리 관저까지 소리를 높이자", "아니다, 헌법재판소 앞에서 조기 탄핵을 외치자"라며 세 가지 행진 코스 중 어느 것을 고를지 결정하는 가족회의가 열렸다는 에피소드도 전해졌다.

아이들의 손을 이끌고 참가했던 어느 어머니는 이런 글을 남겼다.

"돌아오는 길에 아이가 탄핵이 뭔지 하야가 뭔지 마구 물으면서 왜 집회에 가야 하는지 물었다. 그리고 뉴스를 왜 봐야 하는지도. 어른들은 왜 뉴스를 보는지 모르겠다는 말도 했다.

관심을 가진 사람들만이 세상을 움직일 수 있으니까. 행동하지 않으면 달라지는 건 없으니까. 관심을 가지고 행동할 때 비로소 온전히 나의 것이 될 수 있으니까. 당장 내 일이 아니라고 생각할지 모르겠지만 이 땅에서 일어나는 모든 일은 우리의 일이니까. 언젠가는 너의 그리고 나의 일도 될 수 있다는 걸……. 저 사람들이 바라는 건 모두가 무관심해지는 세상이라는 본질을 네가 알길 바란다. 아들!" 블로그 '♡글로 엮어가는 건강한 육아♡' 중에서

한국에서 크리스마스 하면 치킨이었다. 그러나 올해는 사상 최악의 조류인플루엔자가 발생해 식탁에 비상이 걸렸다. 닭고기는 수입품이 대부분이지만, 달걀은 생산 급감으로 평년 가격에서 43퍼센트나 가격이 올랐다. 국수 체인점 카운터에 늘 놓여 있던 토핑용 달걀이 사라졌고, 김밥의 필수 재료인 달걀지단도 사라졌다. 사람에게 전염될 우려가

있어 서울어린이대공원 동물원은 임시 휴원하기도 했다. 이제는 제주도를 제외하고 전국으로 퍼진 조류인플루엔자의 맹위로, 26일까지 살처분한 닭의 수가 2,500만 마리에 달했다. 같은 시기에 일본은 57만 마리를 살처분했다고 하니 비정상적인 수치다. 좁은 닭장에 닭을 밀집해두고 달걀을 생산하는 사육 시스템이 주된 원인이라고 했다. 감염이 급속도로 확산될 가능성이 계속 지적되어왔지만 좀처럼 구조 개혁이 진행되지 않았다. 정부의 농업 정책이 미비하다는 지적은 어제오늘 일이 아니었다. 일상생활 곳곳에 나타난 잘못된 정책의 폐해였다. 살아 있는 닭을 자루에 담아 땅에 묻는 살육 장면이 텔레비전에 나올 때마다 국민의 가슴은 쓰라렸다.

행진을 끝내고 다시 광장으로 돌아온 시민들은 '하야 콘서트'에 동참했다. 그곳에서 2개월 동안 함께 보낸 많은 이웃과 어깨를 나란히 하며 춥고 쓸쓸한 크리스마스이브의 밤을 최선을 다해 즐겼다. 무대를 마무리하던 사회자는 박근혜를 떠나보내고 새해를 맞이한다는 의미에서 '송박영신'의 마음을 한데 모아 올해의 마지막 촛불집회에 참가하자고 독려했다.

12월 31일 10차 촛불집회

박근혜 즉각 퇴진, 조기 탄핵, 적폐 청산!

송박영신 10차 범국민운동의 날

참가 인원 서울 100만 명, 지방 10만 4,000명

퇴진행동을 뒷받침한 활동가들의 열정

2016년이 저물어가고 있었다. 서울은 오전 7시 반에야 느지막이 해가 뜨기 시작했다. 아직 어스름한 길거리는 영하 2.5도의 냉기에 질려 미동도 없이 하얀 입김만 내뱉고 있는 듯했다. 올해의 마지막 집회가 누적 인원 1,000만 명이라는 기록을 역사에 새길 수 있을까. 언론과 시민 모두 지대한 관심을 기울이며 주시하고 있었다. 이날에 이르기까지 광화문과 지방 도시에서 바쁜 일상을 포기한 채 악천후에도 아랑곳하지 않고 꾸준히 참가한 시민도 물론이지만, 집회를 준비하고 진행한 퇴진행동 스태프의 노고가 떠올랐다.

"퇴진행동은 약 90명의 활동가가 상시 활동한다. 이들은 10개 팀과 3개 특별위원회에 배치되어 있다. …… 월요일에는 각 팀

별로 회의를 진행한다. '조직팀'은 퇴진행동에 참여한 2,300여 개 단체(발족 당시에는 1,500개가량이었던 단체가 계속 늘어났다)와 그들이 각 지역에서 주최하는 집회 및 토요일 사전집회와 본집회를 연결하는 역할을 한다. '집회기획팀'은 직전 본집회 평가와 다음 본집회 기획을 담당한다. 촛불집회를 널리 알리는 역할을 하는 것은 '언론팀'과 '선전홍보팀'이다. '시민행동팀'은 집회 참여 외에도 시민들이 자신들의 목소리를 낼 수 있는 아이디어를 내는 곳이다……." 「경향신문」, 12월 31일자

퇴진행동은 3차 집회에서 박명림 연세대 교수의 표현을 빌려 자신들의 단체를 '조금은 엉성하고 느슨한 단체의 연합체'라고 소개했다. 하지만 현실적으로 장기간에 걸쳐 수십만 시민의 움직임을 안전하고도 평화롭게 조정하기 위해서는 지금까지 다양한 운동을 통해 많은 경험을 쌓아온, 이른바 활동가의 힘이 필요했던 것은 두말할 것도 없다. 경찰 측에 집회 신청을 하고, 금지 통고 판정이 나오면 다시 행정법원에 가처분신청을 내서 허가를 받아낸 이들의 활동이 없었다면 집회 자체가 불가능했다. 이러한 절차가 매주 반복되는 탓에 그날 집회가 끝나면 바로 다음 집회를 준비해야만 했다.

그들의 열정을 뒷받침해준 것은 민주주의를 짓밟으며 국

민을 우롱한 자들에 대한 분노와 빼앗긴 인간의 권리를 되찾고 싶은 간절한 염원이었다. 광장에 모인 모든 사람들이 공유한 염원이 있었기에 1,000만이라는 거대한 파도를 일으킬 수 있었을 것이다.

사람들의 절실한 목소리

이날도 정오가 지나면서 각양각색의 사전집회와 재치 있는 퍼포먼스가 광장을 찾은 사람들의 눈길을 끌었다. 한편에서는 노란색 종이에 저마다 소원을 적어 종이배를 접었다. 완성된 종이배가 광장에 펼쳐졌다. 커다란 세월호 형태였다.

그 근처에서는 '헌법재판관에게 국민엽서 보내기' 행사가 진행되었다. 특별 제작한 샛노란 우체통에 조기 탄핵을 촉구하는 내용을 담아 쓴 엽서를 넣으면 재판관들에게 전달한다고 했다.

또한 김기춘 전 대통령 비서실장, 우병우 전 민정수석, 새누리당의 주요 인물이 그려진 지명수배 포스터를 향해 종이로 만든 돌을 던지는 코너도 있었다. 온 힘을 다해 던진 돌이 표적에 명중할 때마다 시민들 사이에서 커다란 박수가 절로 터져나왔다.

오후 5시가 넘어서 시작된 '자유발언대'에서도 다양한 의견이 쏟아져 나왔다. 이것은 한국 사회가 안고 있는 뿌리 깊은 문제를 다시금 부각하는 장이 되었다.

"사드는 우리의 생명과 평화를 깨뜨릴 무기다. 작은 무기라도 좋은 것은 하나도 없다. 며칠 전 여론조사 결과 국민의 62퍼센트가 사드 배치에 반대한다는데도 박근혜의 공범자인 황교안과 한민구가 계속 사드 배치를 추진한다고 한다. 성주에서는 7살 아이부터 어르신까지 추위에도 매일 촛불을 든다. 대한민국의 안전과 평화는 사드 배치를 철회하는 데서 시작된다."

135일째 사드 배치 반대 투쟁을 이어가는 성주투쟁위원회 부위원장

"박근혜에게 뇌물을 바친 CJ를 폭로하러 나왔다. 박근혜 정부의 적폐를 청산해야 하지만, 그중에도 재벌이 대표적인 문제다. 재벌들은 지금 '피해자 코스프레'를 하고 있다. 그들은 대한민국 부의 40퍼센트를 거머쥐고는 박근혜에게 뇌물을 바치면서 온갖 편법을 다 쓰고 있다. 재벌들이 노동자 탄압을 하고 '살인 해고', '갑질 해고'를 했다. …… 1월 8일 전국택배연대노동조합이 출범할 계획이다. 노동자들도 박근혜와 재벌의 갑질에 맞서 끝까지 싸우겠다." CJ대한통운 택배 노동자

"촛불집회에 수화통역이 있어 네 번째 참가한다. 그것이 없었다면 세상과 완전히 단절됐을 것이다. 박근혜는 증세 없는 복지국가를 말했지만, 국민 없는 '근혜 국가'를 만들고 있다고 생각한다. 그 '근혜 국가'에서 먼저 죽어간 사람들이 있다. 장애등급제 때문에 활동보조 서비스를 받지 못해 살려달라고 외치다 돌아가신 분들이 있다. …… 다시는 그런 죽음이 반복되지 않도록해야 한다. 장애인도 인간답게 살고 싶다!"
수화로 발언한 청각장애인

"서민이 단백질 섭취를 위해서 가장 많이 먹는 게 달걀이다. 그런데 그 달걀이 한 판에 1만 5,000원까지 올랐다고 한다. 누가올렸나? 박근혜 정부는 조류독감 바이러스가 퍼지고 있는데 허송세월하다가 한 달이 지나고 나서야 겨우 회의를 열었다. 조류독감은 방역이 중요한데 정부가 보유한 소독약의 80퍼센트가조류독감에는 효과가 없는 것이었다고 한다. 박근혜의 뒤를 이은 황교안은 닭 3,000만 마리가 살처분되는 동안 삼계탕 먹는쇼나 하고 있다. …… 박근혜-황교안 퇴진이야말로 조류독감퇴치에 가장 좋은 방법일 것이다." 인도주의실천의사협의회 정책국장

"우리 노인들은 박정희 · 전두환 군부독재에 맞서 싸웠고, 민주화를 위해 6월 항쟁과 7 · 8 · 9월 노동자대투쟁에 온몸으로 참

가한 세대다. 그런데 지금 우리나라의 노인빈곤율은 OECD 최고 수준이다. 수많은 노인이 복지 혜택에서 배제당하고 있다. 박근혜의 기초연금 20만 원 공약도 어디론가 사라졌다. 촛불의 힘으로 탄핵 인용을 이끌어내고, 박근혜가 양산한 악법과 쓰레기 정책을 폐기하자. 단순히 정권만 교체하는 것을 뛰어넘어, 국민 모두가 차별받지 않고 더불어 잘 사는 세상을 만들자."

노후희망유니온

집회 때마다 발언을 희망하는 사람이 너무 많아서 적잖이 거절할 수밖에 없었다는 주최 측의 고뇌가 느껴졌다. 단상에서 용솟음치는 듯한 시민의 목소리에 귀를 기울이면서 박근혜-최순실 게이트의 배후에 이 사회를 뒤덮은 거대한 어둠이 존재하고 있다는 사실을 새삼 깨달은 사람이 적지 않았을 것이다.

오후 7시부터 시작된 집회에서는 '낡은 것은 보내고 새로운 것을 맞이한다'는 의미의 '송구영신'을 패러디한 '송박영신'이라는 타이틀을 통해 박근혜로 상징되는 적폐를 청산하겠다는 국민의 결의를 강조했다.

오후 8시, 촛불이 일제히 꺼지고 어둠에 휩싸인 무대 스크린에, 아홉 차례에 걸친 지금까지의 집회 기록영상이 상영되었다. 책임을 회피하는 대통령의 변명에 분노가 치밀어

올라 달려나간 1차 집회. 진눈깨비가 흩날리는 한파를 가볍게 날려버리며 행진한 5차 집회. 그리고 전국에서 230만 명이 촛불을 밝힌 12월 3일의 6차 집회…….

화면 어딘가에 친구나 가족의 얼굴이 나오지는 않을까 유심히 들여다보는 사람들의 옆모습이 더할 나위 없이 아름다워 보였다. 이윽고 사회자가 전국에서 총 1,000만 명이 참가했다는 사실을 보고하자, 무대 위로 셀 수 없이 많은 불꽃과 폭죽이 터지며 어두운 밤하늘을 화려하게 수놓았다. 새로운 역사가 시작되는 순간이었다. 집회가 끝난 뒤에는 평소와 달리 명동 등 11개 경로로 넓혀 행진을 하며, 길을 오가는 행인들에게도 기쁨을 전했다.

특검 수사 착수

한편 일련의 의혹을 파헤칠 특검 수사가 12월 21일부터 본격적으로 시작되었다. 검사 출신 변호사 박영수 특별검사가 지휘하는 전체 105명에 이르는 특검팀은 활동을 시작하자마자 보건복지부와 국민연금공단을 압수수색하며 강렬한 인상을 남겼다. 김대중 정권 시절에 재벌그룹 회장을 여럿 구속·기소해 '재벌 저격수'로 이름을 떨친 박영수 검사의 진두지휘에 기대가 쏠렸다.

특히 정기적으로 특검 활동을 기자단에게 보고하는 특별검사보 이규철이 "국민의 명령에 따라 구성된 특검팀은 큰 책임감을 가지고, 법과 원칙에 입각해 엄정한 수사를 진행할 것을 다시금 약속드립니다"라고 단호한 어조로 밝혀 신뢰감을 높였다. 준비 기간을 포함해 90일이라는 한정된 시간이 주어졌다. 특검 수사는 대통령의 미르·K스포츠재단에 대한 강제 모금과 재벌로부터의 뇌물수수 혐의, 최순실과 측근에 의한 국정농단 혐의, 세월호 7시간 의혹 등 모두 15개 항목에 달하는 혐의의 진실을 밝혀내야 했다.

탄핵재판 심의와 함께 대통령과 정권의 중추에서 국정을 좌지우지한 자들에 대한 국민의 심판은 새해가 밝아도 여전히 이어졌다. 시민들은 촛불집회를 통해 심판이 내려질 그날까지 쉼 없이 불꽃을 밝혀갈 것을 서로 확인했다.

밤 11시, 행진을 끝낸 사람들은 종로와 우정국로가 교차하는 지점에 있는 보신각(종각) 앞에서 다시 모였다. 조선시대 때 새벽 4시와 밤 10시마다 사대문의 개폐를 알렸던 종은, 이제는 서른세 번의 종소리로 새해를 알리는 제야의 종으로 알려져 있다. 예년 같으면 새해를 맞이하러 모인 사람들로 북적였을 종각이다. 그런데 올해는 '송박영신'의 마음을 가슴에 담은 더 많은 시민들이 겹겹이 보신각을 둘러쌌다. 말 그대로 발 디딜 틈도 없는 인파 속에서 카운트다운하는 목소리가 합창이 되어 울려 퍼졌다.

카운트다운이 끝나자 동시에 환호성이 터져 나왔다. 여기저기서 눈을 감고 기도하는 사람들의 모습이 보였다. 박원순 서울시장과 함께 종을 치는 시민 대표 11명 중에는 지금도 문제 해결을 위해 활동하는 위안부 피해자 길원옥 할머니도 있었다.

"새해 복 많이 받으세요." 새해 인사소리가 들려왔다. 새해에 희망을 거는 마음이 이토록 절실했던 적이 또 있었을까. 대통령은 국민의 목소리에 귀를 닫은 채 청와대 깊숙이 틀어박혀 부활할 때만 엿보고 있었다. 셀 수 없이 많은 의혹에 발을 담고 있던 당사자들도 자신은 모르는 일이라며 시치미를 떼고 있었다. 12월 27일 특검은 검찰청을 통해 인터폴에 최순실의 딸 정유라에 대한 적색수배를 요청했다고 밝혔지만 아직 그 행방은 알 수 없었다(2017년 1월 2일, 정유라는 덴마크 경찰에 체포되었다).

미해결 의혹은 사람들의 마음에 응어리처럼 남았다. 하지만 지금까지의 행동을 통해 얻은 것은 그보다 훨씬 큰 희망의 씨앗이었다. 괴로워하고 있는 건 나 혼자만이 아니라는 사실을 깨닫고, 마음만 먹으면 해내지 못할 일이 없다는 것을 실감한 나날이었다. 광화문광장에 설치된 포토존에서

생글생글 웃으며 사진을 찍던 부모와 아이, 연인, 친구, 가족의 모습이 지금도 눈에 떠오른다. 사진가가 찍은 '그날, 나도 여기에 있었다'라는 제목의 사진은 귀중한 인생의 기억이 되어 언제까지고 남을 것이다. 작은 촛불이 강한 바람에도 꺼지지 않고 남은 것처럼…….

제 4 장

탄핵심판을 내리다!

2017년 1월 7일~3월 11일 촛불의 승리
이어진 투쟁과 드러나는 진실

2017년 새해 첫 집회는 세월호가 침몰한 지 998일이 되는 날 열렸다. 3년이나 바다 밑바닥에 가라앉아 있던 배와 그 안에 잠들어 있던 유해 9구는 박근혜 정권 4년이 만들어낸 폐단을 상징했다. 여기서는 2017년 1월 1일부터 탄핵심판 다음 날인 3월 11일까지의 추이를 시민과 특검의 활동, 대통령의 움직임을 종합한 표로 살펴보려 한다.

1월 1일	박 대통령, 청와대에서 기자간담회를 열다. '뇌물수수 등의 의혹은 왜곡과 오보, 허위가 남발된 것'이라며 강하게 부정.
1월 2일	정유라, 불법체류 혐의로 덴마크 경찰에 체포됨.
1월 3일	탄핵심판 1차 변론이 열리다. 박 대통령은 불출석.
1월 5일	탄핵심판 2차 변론에서 대통령 측 변호인 서석구 변

호사가 촛불시위를 북한의 조작에 의한 것이라고 규정, 박 대통령을 십자가를 짊어진 예수에 비유해 문제화.

1월 7일	11차 촛불집회(박근혜는 내려오고 세월호는 올라오라! 세월호 1,000일, 박근혜 즉각 퇴진! 황교안 사퇴! 적폐 청산, 11차 범국민행동의 날). 서울 60만 명, 지방 4만 3,880명. 집회 중 박근혜 구속을 외치며 스님이 분신 항의(9일 입적).
1월 10일	특검, 정유라의 입학 편의를 봐준 남궁곤 이화여대 입학처장 구속.
1월 12일	전 유엔사무총장 반기문 귀국. 회견에서 대통령 선거 출마 의욕을 내비침.
1월 14일	12차 촛불집회(박근혜 즉각 퇴진·조기 탄핵·공작정치 주범 재벌총수 구속! 12차 범국민행동의 날). 서울 13만 명, 지방 1만 6,700명. 체감온도 영하 13도의 극한 추위 속에서 박종철 열사(6월 항쟁의 불씨가 된 경찰 고문 희생자) 30주기 추모식과 함께 개최.
1월 17일	특검, 문화인 블랙리스트 작성에 관여한 의혹으로 전 청와대 비서실장 김기춘 및 조윤선 문화체육관광부 장관에 대한 구속영장 청구(19일 구속).
1월 19일	법원, 특검이 대통령에 대한 뇌물죄로 청구한 삼성전

자 부회장 이재용의 구속영장 기각.

1월 21일	13차 촛불집회(내려와 박근혜 바꾸자 헬조선 설맞이 촛불). 서울 32만 명, 지방 3만 3,400명. 눈 내리는 날씨에 모여 삼성 등 재벌총수의 구속 촉구.
1월 24일	여당인 새누리당에서 탈당한 국회의원 29명이 바른정당을 창당.
1월 25일	헌법재판소(헌재) 박한철 소장, 31일 퇴임을 앞두고 이정미 재판관이 퇴임하는 3월 13일 전까지 탄핵심판을 선고할 것을 밝힘. 박근혜, 우익 언론인과 단독회견.
2월 1일	헌재에서 열린 10차 변론에서 대통령 측 대리인단이 최순실과 측근인 고영태 사이에 불륜관계가 있었다고 변론. 나아가 채택 가능성이 없는 증인 15명을 신청하는 등 노골적인 지연작전을 펼침. 반기문, 대통령 선거 불출마 선언. 보수진영, 구심점을 잃음.
2월 3일	특검, 수사관 20명을 보내 청와대 압수수색을 시도했으나 거부당함.
2월 4일	14차 촛불집회(박근혜 2월 탄핵, 황교안 사퇴, 공범세력 구속, 촛불개혁 실현, 14차 범국민행동의 날). 서울 40만 명, 지방 2만 5,500명.

2월 7일	전경련이 친박·우익단체에 수천만 원의 자금을 제공하고 관제시위를 지시했다는 사실이 폭로됨.
2월 8일	9일로 예정되어 있던 특검의 대통령 대면조사가 대통령 측의 거부로 중지됨. 대통령 측에서 일정 등의 내용이 외부로 알려져 신뢰를 잃었다고 주장.
2월 9일	헌재, 국회와 대통령 측에 23일까지 최종 준비서면을 제출해달라고 요구. 3월 초 판결 예고(후에 27일로 연기).
2월 10일	대통령 대리인단, 판결 지연을 노리고 대통령의 법정 출석을 시사.
2월 11일	15차 촛불집회(천만 촛불 명령이다! 2월 탄핵! 특검 연장! 박근혜·황교안 퇴진, 신속 탄핵을 위한 15차 범국민행동의 날) 서울 75만 명, 지방 5만 6,000명.
2월 15일	박 대통령, 작년 4월부터 6개월간 차명 휴대전화로 최순실과 570회에 걸쳐 직접 통화한 사실이 밝혀짐. 특검은 독일 체재 시 통화로 귀국을 지시했을 가능성도 있을 것으로 지적.
2월 17일	삼성전자 부회장 이재용, 특검의 두 번째 구속영장 청구가 인정되어 구속됨.
2월 18일	16차 촛불집회(탄핵 지연 어림없다! 박근혜·황교안 즉각

퇴진! 특검 연장! 공범자 구속을 위한 16차 범국민행동의
날). 서울 80만 명, 지방 4만 5,000명.

2월 20일	헌재, 대통령 측 대리인단이 신청한 증거 및 증인을 기각해 조기 선고 의사를 재차 표명.
2월 22일	대리인단 측 변호사가 법정에 대한 모욕 언동과 특정 재판관 기피 등 노골적인 지연 의도 행동을 계속했지만, 헌재 측이 단호한 태도로 거부하고 대리인단을 질책.
2월 24일	친박단체 게시판에 헌재 재판관 테러 예고 글이 게재되어 전 재판관 대상 24시간 경호 실시.
2월 25일	17차 촛불집회(박근혜 4년, 이제는 끝내자! 2·25 전국 집중 17차 범국민행동의 날). 서울 100만 명, 지방 7만 8,130명.
2월 27일	황교안 대통령 권한대행, 특검의 수사 기간 연장 불승인. 28일에 종료 확정. 박 대통령, 헌재 출석하지 않고 서면으로 의견 제출하면서 모든 혐의를 부정. 헌재에서의 변론 종료. 판결을 위한 심의 개시.
2월 28일	특검수사 종료. 총 11건의 혐의를 받은 박 대통령, 현직 대통령으로서는 최초로 뇌물죄 혐의를 적용받음.

3월 1일	친박단체, 박영수 특별검사 자택 앞에서 집회를 열고 사진을 불태우는 등 협박하고 헌재의 이정미 소장 권한대행의 주소를 공개하는 등 도를 넘은 행동 계속. 한편 친박집회를 앞둔 전날, 박 대통령이 친박단체에 감사 메시지를 보낸 사실이 드러남. 18차 촛불집회(박근혜 구속 만세! 탄핵 인용 만세! 황교안 퇴진, 3·1절 맞이 박근혜 퇴진 18차 범국민행동의 날). 서울 30만 명, 지방 미집계. 친박단체와 구별하기 위해 태극기와 노란 리본을 갖고 행진.
3월 3일	특검, 1톤 트럭 1대 분량의 수사 자료를 검찰로 인계.
3월 4일	19차 촛불집회(박근혜 없는 3월, 그래야 봄이다! 헌재 탄핵 인용! 박근혜 구속! 황교안 퇴진! 19차 범국민행동의 날). 서울 95만 명, 지방 10만 890명. SBS, 국가정보원이 헌법재판소의 동향 정보를 수집하고 있었다는 국정원 고위간부의 증언을 보도.
3월 6일	박영수 특별검사, 마지막 수사 내용 발표. 삼성 뇌물죄, 블랙리스트 작성에 대통령 관여를 인정. 청와대는 내용을 전면 부정. 검찰, 31명으로 구성된 특별수사본부를 재가동하고, 특검으로부터 수사기록을 넘겨받음.
3월 8일	헌재, 10일 선고 예고. 텔레비전으로 생중계 예정.

3월 10일	헌재, 재판관 8인 전원 일치로 박 대통령 파면 결정.
3월 11일	20차 촛불집회(모이자! 광화문으로! 촛불 승리 20차 범국민행동의 날). 서울 65만 명, 지방 5만 8,160명.
	134일간 총 참가 인원 1,659만 360명 기록.
	(실제로는 23차까지 이어져, 총 1,685만 2,360명)
3월 12일	박근혜, 청와대에서 사저로 옮기며 지지자들에게 미소로 인사. "시간은 걸리겠지만 진실은 반드시 밝혀질 것"이라며 판결 불복종 표명.

촛불집회를 통해 느낀
한국 시민혁명의 역사적 의의

3월 10일 오전 11시. 헌법재판소에서 판결문을 낭독하는 모습이 전 국민에게 생중계되었다.

―피청구인(박근혜)의 위헌 위법 행위는 국민의 신임을 배반한 것으로, 헌법 수호의 관점에서 용납될 수 없는 중대한 법 위배 행위라고 봐야 합니다. 피청구인의 법 위배 행위가 헌법 질서에 미치는 부정적 영향과 파급효과가 중대하므로, 피청구인을 파면함으로써 얻는 헌법 수호의 이익이 압도적으로 크다고 할 것입니다.
―주문: 피청구인 대통령 박근혜를 파면한다!

이정미 헌법재판소장 권한대행의 조용하지만 명료하고도 단호한 목소리가 법정의 정적을 깨고 화면을 통해 지켜보고 있던 사람들의 가슴에 엄숙하게 울려 퍼지고 있었다.

재판관 8명 전원의 일치된 목소리이기도 했다.

'어둠은 빛을 이길 수 없다'는 세월호 추모곡의 한 구절이 떠올랐다.

헌법재판소의 대통령 파면 결정이 내려지고 60일이 지난 5월 9일, 더불어민주당의 문재인 후보가 대한민국 제19대 대통령으로 선출되었다. 40퍼센트를 넘어선 압도적인 득표율이었다. 하지만 한편에서는 일찍이 정권 여당이었던 새누리당이 당명을 바꾸고 출범한 자유한국당의 홍준표 후보도 24퍼센트의 표를 받아 2위를 꿰찼다. 선거운동 기간 중 "촛불집회는 북한에 조종당한 활동가의 선동에 의한 것", "문 후보가 당선되면 사실상 김정은이 대통령이 되는 것이다" 등의 발언을 해온 인물이 일정 영향력을 발휘한 것이 현실이었다. 박근혜 전 대통령의 발언과 종합해서 생각해보면, 앞으로 한국 사회가 어떻게 개혁을 이루어낼지 낙관하기는 다소 일렀다.

촛불을 들고 광장에 모였던 사람들의 바람은 탄핵 가결 다음 날 발표된 '2017 촛불권리선언'에 드러났다. 10개 분야, 100개 항목에 이르는 내용이었다. 지금까지 집회를 통해 제기된 문제 말고도 '언론·검찰 개혁', '안전한 사회를 위한 구조 개혁', '선거제도 개혁', '성평등과 사회적 소수자의 권리 보장' 등 군사독재정권 시절이 끝나고도 민주화의 구호 아래에서 해결되지 못하고 남아 있던 문제가 고름이 터지듯 단번에 터져 나왔다. 이번 대규모 시민운동이 결코 대통령 한 사람을 파면함으로써 끝나는 것이 아님을 새삼 깨닫는 대목이었다.

이제 134일간의 '촛불혁명'을 몇 가지 관점으로 정리하려고 한다. 참고로 '촛불(시민)혁명'이라는 명칭은 운동에 참가한 많은 사람들의 입에서 나온 것으로, '구권력 타도와 신권력 수립'이라는 뜻에서 이 책에서도 사용하기로 한다. '혁명'이 반드시 무력을 동반하지 않는다는 사실은 '평화혁명'이라는 단어가 쓰이는 것만 봐도 알 수 있다고 생각한다.

1987년 민주화투쟁이 남긴 과제

우선 '군사독재정권 종식'으로 알려진 1987년 민주화운동과의 연결성을 살펴보겠다. 30년이라는 세월은 세대가 바뀌기에 충분한 시간이다. 또한 새로운 사회구조와 함께 사람들의 의식과 가치관에 큰 변화를 가져다주는 시간이기도 했다. 세계적으로는 사회주의국가가 침몰하고, 냉전체제를 대신해 복잡한 대립축이 만들어져 오늘에 이르렀다.

1987년 6월 10일 '박종철 군 고문치사 조작·은폐 규탄 및 호헌철폐 국민대회'에 참가한 24만 명의 중심에 선 사람들 중에는 청년과 학생이 많았다. 당시 '넥타이 부대'라 불린 화이트칼라와 도시 개발로 인해 아무런 보상도 받지 못한 채 길거리에 나앉은 '도시빈민층', 재야 지식인 등이 여기에 합류해 대규모 국민운동을 만들어냈다. 1919년 3·1독립운동과 1960년의 4월 혁명을 방불케 하는 압도적인 국민의 힘 앞에서 독재정권도 일정 부분 양보할 수밖에 없었고, 대통령 선거를 통한 정권 교체의 길이 열렸다.

박종철, 이한열, 이석규 등 청년들의 희생과 그에 이은 노동자들의 생존을 건 치열한 싸움이 지속됐다. 그런데도 김대중, 김영삼, 민중후보(백기완)로 후보자가 분열되면서 사회 개혁에 대한 열망은 통일된 힘을 발휘하지 못하고 말았다. 그 와중에 개정된 신헌법은 대통령 선출과 권한에 관한 내용만 담겼을 뿐이었다. 사회 구석구석까지 민주화를 실현하고 기본권을 확보하려던 국민의 뜻은 충분히 반영하지 못했다.

결국 군사정권의 후계자였던 노태우가 당선되는 뼈아픈 좌절을 겪으면서 민주화의 흐름은 광장의 열기에서 후퇴했다. 당시 운동의 중심에 있었던 젊은이들은 이윽고 사회의 지도적 위치에 앉았다. 그들은 스스로 기득권층의 일원이 될 것을 선택한 사람과 미완의 과제를 달성하기 위해 끝까지 포기하지 않은 사람으로 나뉘었다. 후자는 이번 촛불집회에서도 적극적으로 역할을 다하려고 노력했다. 시민들은 결코 폭력을 행사하지 않고 평화와 질서를 지키면서 광장에 민심을 응축했다. 그리고 그 민심은 국회 안에서 타협을 일삼고 당의 이익을 우선시하려던 야당의 움직임을 끊임없이 견제해 끝내 국민의 요구를 실현하게 만들었다.

탄핵이 가결되어 새 대통령을 선출하기 위한 선거운동이 시작된 뒤에도 퇴진운동은 특정 후보를 드러내놓고 지지하지 않았다. 그 덕분에 마지막까지 여론은 분열되지 않았다. 1987년의 교훈이 있었기에 기성 정당과 적절한 거리를 두면서 시민의 주도권을 확보할 수 있었던 것 아닐까.

박정희의 유산과 결별하다

두 번째로 '박정희의 유산'과의 결별이라는 관점에서 생각해보고 싶다. 1961년 군사 쿠데타를 일으키며 등장한 박정희는 18년간의 강권통치 끝에 암살을 당하며 역사의 뒤안길로 물러나는 듯 보였다. 그러나 곧바로 전두환이라는 또다른 군인이 권력을 잡아 군사정권을 이어갔다. 그 뒤로 이어진 노태우 시절까지 포함하면 군사정권의 통치는 김영삼, 김대중, 노무현 재임 기간의 두 배에 달한다. 그 기간에 '한강의 기적'이라 부르는 경제성장을 이루고 서울올림픽을 개최했다. 그런 까닭에 군사정권이 한국의 국제적 지위를 높이고 오늘날 발전의 기초를 쌓았다고 평가하는 사람들이 있다. 인권 문제가 있었지만 공과를 따지자면 '공'이 월등하다며 향수 비슷한 감정을 갖는 것이다. 일본에서 '조선의 식민지 지배가 근대화에 도움을 주었다'라든가 '오늘날에도 교육칙어에서 배울 만한 게 있다(1890년에 메이지 일왕이 발표한 일본 교육의 기본 방침으로, 군국주의 교육의 상징이다—옮긴이)'는 식의 주장을 하는 사람들의 사고방식과 비슷한지도 모른다.

박근혜는 박정희의 핏줄일 뿐 아니라, 어릴 때부터 아버지의 강권통치 방식을 학습해왔다. 그래서 '박정희의 유산'을 끌고 가는 게 자연스러웠을 것이다. 이를테면 '경제혁신 3개년 계획'은 박정희의 '경제개발 5개년 계획'을 본뜬 정책으로, 정부가 국가 성장을 주도한다. 2013년 취임연설에서 '제2의 한강의 기적'을 일으키겠다고 선언한 것은 박정희 노선을 따르겠다는 말과 같았다. 그리고 그 계획을 실천하기 위해 재벌과 유착하고, 대기업 경영진과 개별 면담을 하며 청탁하거나 모금을 요구하는 방식 또한 군사정권 시절의 풍경과 쏙 닮아 있었다.

대구 보궐선거에서 국회의원에 당선되며 정계에 데뷔한 박근혜는 『나의 삶, 나의 아버지』라는 책에서 부모님에 대해 다음과 같은 글을 남겼다.

나의 부모님은 내 삶의 모델이다. 특히 정치인이 된 지금 아버지는 그냥 아버지가 아니라 선배이자 스승이며 나침반과도 같은 존재이다. '아버지의 딸로서' 중에서

청와대에서는 대통령의 일방적인 정책·인사결정이 관례가 되었다. 장관조차 일대일 대화를 나눠본 적 없었다는 사실이 박근혜-최순실 게이트 진상 규명 과정에서 밝혀지기도 했다.

'국정교과서' 편찬도 국민의 분노에 불을 지핀 문제 가운데 하나였다. 박정희 시대에 국정화된 교과서는 그 후 검정교과서로 바뀌었다. 그런데 교육부가 2015년부터 역사교과서를 국정화하고, 박정희를 재평가한 내용을 크게 다루려고 했다(제19대 대통령 문재인은 국정교과서 폐지를 단언했다).

또 박근혜 정부는 문화인 블랙리스트를 작성해 표현의 자유를 침해했다. 부산국제영화제에서 〈다이빙벨〉이라는 영화를 상영했다는 이유로 영화제 정부지원금을 반으로 줄

이는 등 노골적인 탄압을 가해왔다는 사실이 드러났다. 일본에서도 상영된 이 영화는 세월호 침몰 당시 정부과 관계 기관이 얼마나 무능했으며, 그들이 어떻게 인명을 경시했는지 검증하는 내용이었다.

블랙리스트 작성을 진두지휘한 김기춘 전 비서실장은 박정희 유신체제의 근간인 중앙정보부에서 대공수사국장을 맡았던 인물이다. 민주화운동 탄압의 선봉에 섰던 자가 바로 얼마 전까지 정권의 중추에 머물러 있었다는 사실은 박근혜 정권의 성격이 어떠했는지 가장 잘 보여주는 대목이다. 박근혜 정권을 단죄한다는 것은 이처럼 미처 다 청산하지 못한 군사정권의 잔재를 부정하는 데서부터 개혁을 진행함을 의미한다.

민주주의의 새로운 형태

앞서 언급했던 두 가지 내용이 한국 고유의 역사적 과제에 뿌리내리고 있다면, 세 번째로는 새로운 민주주의 형태라는 세계적 과제에 부응할 가능성에 대해 말하고 싶다. 2016년 미국의 대통령 선거가 도널드 트럼프의 승리로 끝나면서 세계에 큰 충격을 안겨주었다. 반세계화, 자국우선

주의의 움직임은 유럽에서도 확산되었다. 영국은 국민투표를 통해 EU에서 탈퇴하기로 결정했고, 각국에서 이민과 난민 배척을 주장하는 우파정당 지지도가 높아졌다. 일본에서는 국민의 우려에도 불구하고 안보법제가 입법화되었다. 그 뒤에 이를 심판할 수 있는 선거가 치러졌지만, 선거를 통한 국민의 의사 표시는 50퍼센트 전후에 그쳤다. 과반수 의석을 확보한 여당은 아베 정권에 대한 '국민의 지지'를 배경으로 헌법 개정과 교육칙어 재평가 등에 한 걸음씩 다가서고 있었다. 이런 상황에서 대의제 민주주의의 한계와 위기를 보는 것은 나 한 사람뿐만이 아닐 것이다.

최근 몇 년간 세계 각지에서 압제정치에 저항하는 움직임이 주목을 받았다. 아마도 세계인이 21세기에 걸맞은 새로운 형태의 민주주의를 모색하고 있기 때문일 것이다. 튀니지에서는 2010년 아랍 6개국에 정권 교체를 가져다준 '재스민혁명'이 일어났다. 이 과정에서 시위대의 방화와 치안부대의 발포로 다수의 사망자와 부상자가 발생했다. 그 뒤 중동지역에서는 민주화 정체, 독재정권 부활, IS 출현과 내전 지속 등이 이어졌다. '아랍의 봄'이라 불린 개혁의 싹은 결실을 맺지 못했고, 중동은 다시 혼란의 길로 들어서고 말았다.

2014년 홍콩에서 일어난 '우산혁명'은 행정장관 선거에 대한 중국 정부의 간섭에 반발해 고등학생과 대학생을 중심으로 도로를 점거하며 벌인 시위였다. 평화적 시위였는데도 경찰은 실력 행사를 고집했고, 진압 과정에서 부상자와 연행자가 다수 나왔다. 명확한 목표를 가진 지도부 없이 진행된 탓이었을까. 도로 점거 등으로 경제적 피해가 발생하자 학생들을 비판하는 목소리가 증폭되었다. 결국 외신의 주목을 받아 1년 가까이 이어져온 이 운동은 뚜렷한 성과를 내지 못한 채 종료되었다. 2015년 미얀마에서 자유선거를 통해 실현된 평화적 정권 교체도 세계의 주목을 받았다. 그러나 이 개혁은 시민운동의 결과가 아니었다. 군인의 영향력은 여전하고, 소수민족과 내전을 지속하고 있어서 민주화 향방은 여전히 불투명한 상황이다.

국민이 주체가 된 민주주의 실현이라는 의미에서 이번 촛불혁명은 지금껏 본 적 없는 평화적 민주주의 모델로서 전 세계에서 높은 평가를 받고 있다. 처음부터 끝까지 합법적으로 질서를 지켜 '부상자와 구속자 0명'이라는 기록을 세웠다. 그러고도 부정을 저지른 대통령을 파면하고 정권을 교체한 것은 세계적으로 유례를 찾아보기 힘들다. 이것은 국민의 위대한 승리로서 역사에 새겨질 것이다. '광장의 민주주의'로 표현된 공간은 세대와 사상을 초월해 시민의 마음을 이어주는 연대의 장이 되었다. 사회에 널려 있는 문제를 실감하고 공감대를 형성하는 교육의 장이기도 했다. 날로 심해지는 빈부격차, 취직과 결혼을 꿈꾸기 힘든 미래에 대한 불안감, 그리고 재벌기업의 비도덕적 경제활동에 대한 불만이 대통령의 정치 스캔들을 도화선 삼아 단번에 분출되었다. 이 분노는 상상을 뛰어넘는 규모의 범국민적 행동으로 사람들을 결집시켰다.

촛불혁명을 노벨평화상과 세계유산으로!

박원순 서울시장은 3월 29일 파리의 OECD를 방문해 회원국 대사 200여 명 앞에서 촛불혁명의 노벨평화상 수상과 유네스코 세계기록유산 등재를 추진하겠다는 결의를 밝히며, 추진 이유를 다음과 같이 설명했다.

1. 국가가 가진 힘의 원천이 국민이며, 국민의 자발적 행동으로 헌정 질서를 유지할 수 있다는 것을 보여주었다.
2. 국민이 위기를 기회로 바꾸고, 평화로운 집회 방법의 선례를 제시해 민주주의의 모범사례로 기능했다.
3. 세계적으로 유례를 찾아보기 힘들 정도로 많은 국민이 장기간에 걸쳐 참가했다.

예전에도 개인이 아닌 단체에 노벨평화상을 준 적이 있었다. 재스민혁명을 이끌었던 '튀니지 국민4자 대화기구'도 그중 하나다. 튀니지 국민4자 대화기구는 극심한 혼란 속에서 튀니지의 다원적 민주주의 구축에 기여한 노력을 인정받아 수상했다. 이 사례에 따르자면 촛불혁명의 성과는 충분히 수상할 가치가 있다. 그러나 당장의 수상 가능성을 따지는 것보다 한국인의 촛불집회가 전 세계와 공유되고 평화와 민주주의 확산에 기여한 것이 훨씬 더 중요하다. 새로운 민주주의 가치를 창조한 한국인들의 거대한 행보에 지금 세계인이 큰 관심을 기울여야 하는 이유다.

제 2 부

촛불집회 참가자들의 증언

우리는 희망을 손에 쥐었다

시민혁명의 134일을 돌아보며

─── **박진** ───

1971년 출생, 박근혜정권 퇴진 비상국민행동(약칭 퇴진행동) 공동상황실장

4월 5일 수원에서 인터뷰

1차 촛불집회 때는 '민중총궐기투쟁본부'가 앞장섰는데, 퇴진행동은 언제부터 등장했나요?

민중총궐기투쟁본부와 백남기투쟁본부가 2차까지 집회를 주최했고, 3차 촛불집회인 11월 12일부터 퇴진행동이 전면에 나섰습니다. 민중총궐기투쟁본부는 2015년 11월에 결성된 시민사회단체 조직으로, 이른바 민중단체입니다. 박근혜정권 아래서 이대로는 살 수 없다, 한 번은 모여서 뭔가 해야겠다는 취지에서 결집했죠. 특히 결성 당시 백남기 씨가 경찰이 쏜 물대포에 맞았는데 그 후 1년 가까이 투병하다 돌아가셨습니다.

두 조직의 차이는 뭔가요?

퇴진행동은 한국 사회의 거의 모든 사회단체가 모여 만들어 졌기 때문에 규모가 훨씬 큽니다. 특히 환경단체나 제가 속해 있는 인권단체처럼, 속해 있는 단체 중에 이른바 시민단체가 많습니다. 그래서 민중총궐기투쟁본부에 비해 저변이 넓다는 것이 특징이겠죠.

촛불집회라는 형식이 자리 잡은 건 언제부터인가요?

2002년에 한국인 여중생 2명이 미군 장갑차에 치여 사망한 사건이 있었습니다. 그에 대한 항의 표시로 시작된 집회 때부터입니다. 그 이후로 중대한 문제가 발생할 때마다 시민들이 대규모 촛불집회를 열었습니다. 2008년에는 미국산 광우병 소고기 수입 반대 운동, 2013년에는 국가정보원의 대통령 선거 개입 진상 규명, 2014년에는 세월호 진상 규명을 요구하는 집회 등을 열었습니다. 이때는 정말 규모가 컸는데요, 그사이에도 반전평화집회나 한미자유무역협정FTA 반대 운동 등에서 촛불집회를 열었습니다.

촛불을 손에 든 의미는 무엇인가요?

처음에는 여중생의 죽음을 애도하는 뜻으로 촛불을 들었습니다. 그러다 많은 사람이 모였을 때 뭔가 저항을 상징할 만

한 것을 내세우는 게 필요하다는 의견이 나왔고, 시대의 어둠을 비춘다는 뜻에서 촛불을 손에 들게 되었습니다. 집회가 밤에 열리는 경우가 많다는 점도 한몫했고요. 2014년에 홍콩에서 학생들이 우산을 들고 저항해서 '우산혁명'이라고 불린 것과 비슷한 점이 있겠네요.

지금까지의 촛불집회와 이번 촛불집회는 어떤 점이 다를까요?

우선 규모에서 차이가 납니다. 수만 명 규모의 집회는 한국 사회에서 자주 볼 수 있는데요, 100만 명 규모는 2008년 집회, 정확히는 6월 10일 한 번밖에 없었습니다. 그런데 이번에는 20여 차례 동안 평균적으로 거의 매번 그 정도 규모가 이어졌으니 차이가 확연하죠.

2008년 집회 당시에는 부상자나 연행자도 다수 발생했다고 들었습니다.

당시에는 공권력의 탄압이 심했거든요. 초기에는 이번처럼 문화행사도 있고, 가족 단위로 참가하는 분위기였는데, 유혈사태가 발생하는 바람에…….

안전이 보장되지 않으면 일반 시민들은 참가하기가 어려워집니다. 그래서 점점 참가자가 줄었고요. 이번에는 공권력이 탄압하려고 해도 명분이 없었어요. 경찰이 시위 금지 통고를 내려도 재판소에 가처분신청을 내면 받아들여지니까 합법적으로 시위를 할 수 있게 됐습니다.

어떤 사람은 2008년 때는 시위가 과격했기 때문이라고 주장합니다만 저는 그렇게 생각하지 않습니다. 한국에서 시위를 비폭력으로 일관한 지는 꽤 오래됐거든요.

제 기억으로는 화염병이 마지막으로 사용된 게 2004년 무렵이었습니다. 그 이후로는 물리적인 폭력이 행사되지 않았어요. 그렇다면 왜 연행자가 늘었을까요. 한국은 감시가 일상화된 사회입니다. 한 사람이 어떤 운동에 관여하면 공권력이 집요하게 추적합니다. 아마도 한국이 감시카메라가 세계에서 가장 많은 나라 중 하나가 아닐까요. 2008년에 연행된 사람이 그렇게 많았던 것도 그래서입니다. 몇 발작만 떼도 감시카메라에 잡히는 데다 교통카드 사용 기록까지 더해지면 이동경로를 쉽게 알 수 있지요. 그러니 현장에서 바로 연행되지 않았지만 따로 추적당해서 체포된 케이스도 꽤 많았죠. 시위대가 과격했다기보다 공권력 측에 문제가 있었다고 생각합니다. 제가 인권단체에서 활동하니까 그 실태는 객관적으로 증명할 수 있습니다.

대통령의 집권 시기에 따른 차이도 있었다고 봅니다. 지난 2008년은 이명박 대통령 정권 초기였습니다. 세월호 때도 박근혜 정권 초기였는데 2008년과 비슷한 양상이었죠. 전 국민이 참사 희생자를 애도하는 분위기였는데도 관계자 처벌과 진상 규명을 요구하는 국민의 행동을 탄압했고 연행자도 다수 발생했습니다. 이번에는 임기가 그리 많이 남지 않은 정권 말기였습니다. 경찰과 검찰, 재판소 등도 차기 정권에 대한 배려, 즉 야당 정권이 탄생할 가능성을 염두에 뒀을 테죠. 무엇보다 이번 사건이 국가의 근간을 흔들 만큼 상상을 초월한 정치 스캔들이었기에, 보수와 진보를 떠나 국민의 분노를 살피지 않으면 안 되는 상황이었다는 점도 변화에 한몫했을 겁니다.

네, 그 사건을 포함해서 이명박 정권에서 박근혜 정권으로 이어지는 권력의 부정부패와 폭압정치에 대한 국민의 분노가 폭발한 것입니다. 경찰은 백남기 씨의 시신 부검을 시도했는데, 이 사건이 전 국민의 눈에 드러나자 어느샌가 슬그머니 철회 방침을 취했어요. 이런 것도 상황 변화를 보여주는 증거겠죠.

처음에는 주로 '박근혜 즉각 퇴진'이라는 구호를 외쳤습니다. 탄핵이란 말은 탄핵소추안 결의를 앞두고 국회 앞에서 집회를 열기 전까지는 공식적으로 나오지 않았어요. 한국에서는 대통령 탄핵재판을 이미 한 번 경험했기 때문이죠. 노무현 대통령 때요. 그때는 국회에서 소추안이 가결됐는데 헌법재판소에서는 부결됐어요. 이번과는 정반대로, 국회에서 소추안이 가결되자마자 촛불을 든 탄핵 반대 운동이 일어났습니다. 규모도 상당히 컸습니다.

즉 국민 여론에 떠밀려 탄핵이 기각됐는데, 이번에는 소추안 가결 자체가 어려웠잖아요. 가결에 필요한 의석수를 확보해야 하는데 여당 세력이 컸으니까요. 비박계 의원이 가결에 동의 안 할지 모른다는 걱정도 됐고요. 다행히 소추안이 통과돼도 헌법재판소에서 가결된다는 보장이 없었습니다. 그런 상황인지라 즉각 퇴진과 하야를 요구하는 슬로건이 이어졌습니다. 큰 변화가 일어난 건 12월 9일 소추안이 가결되기 직전 집회인 6차 집회 때입니다. 서울에서 165만 명, 전국적으로 230만 명이라는 압도적인 수로 국회를 압박했습니다.

담화를 발표할 때마다 국민의 분노에 기름을 끼얹은 셈이었어요. 스스로 물러날 생각은 없고 국회의 결정에 맡기겠다고 말하면서 공을 넘겨버렸으니까요. 그래서 국회를 압박할 수밖에 없었습니다. 비박계도 다수 찬성으로 돌아서서 결국 압도적인 표로 가결됐죠. 이전에는 국회를 통과해도 헌법재판소에서 부결될지 모른다는 견해가 있었어요. 그런데 그 모습을 보고 나니 탄핵재판에서 국민의 뜻을 무시하고 국회의 결정을 뒤엎지는 못하겠구나 하는 여론이 확산됐습니다. 그러자 집회 슬로건도 '적폐 청산!', '공범자 처벌!' 등으로 변해갔습니다. 즉 '박근혜 퇴진(=탄핵 가결)'이 기정사실로 받아들여져서, 이후에 어떤 방향으로 개혁을 진행할 것인지가 과제로 떠올랐습니다.

그 과제와 방향에 관해서는 바로 일치된 의견이 나왔나요?

다방면에서 논의가 이루어졌는데요, '사드 배치 반대'나 '공정방송 확립' 같은 주제에 대해서는 모든 집회 참가자가 한뜻으로 공감했다고 보기 어려울지도 모르겠습니다. 저희는 일단 논의를 제안하는 입장이었어요. 박근혜를 퇴진시키는 방법만 해도 하야 아니면 탄핵이었습니다. 그렇다면 박근혜가 순순히 하야할 것인가, 그 결정을 대통령 개인에게 맡길 수밖에 없는가, 만약 스스로 하야한다면 전직 대통령으로서 예우를 받는데 그래도 괜찮은가 등 정말 많은 논의를 거듭했습니다.

결국 탄핵을 진행했는데, 그렇다면 하루라도 빨리 가결해야 했습니다. 새누리당 일각에서 '질서 있는 퇴진' 운운하며 정해진 기간까지 스스로 하야 의사를 밝히면 대통령으로서의 명예를 지킬 수 있다고 주장했으니까요. 그게 실제로는 시간을 벌어 자신들에게 유리한 국면으로 끌고 가 다음 정권까지 꿰차려고 한 움직임이었습니다.

헌법재판소 쪽은 어떻게 보고 있었나요?

탄핵이 인용될 것이라고 예상했습니다. 재판관에게 기대하고 있었다는 의미가 아니라 헌법재판소 자체가 그때까지의 판결을 보면 굉장히 정치적인 기관이었거든요. 헌법재판소는 앞선 제도라고 생각합니다만, 재판관을 임명하는 주체가 여당이고 대통령이라서 정권과 가까울 수밖에 없죠.

2014년의 통합진보당 해산 결정을 봐도 알 수 있습니다. 당시 유엔자유권위원회는 특별한 요건도 충족하지 않은 채 합법적인 정당에 해산을 명령할 수 있는지에 대해 우려를 나타냈고, 헌법학자 사이에서도 문제가 있다고 지적했습니다.

또 고용노동부가 해직 교사를 조합원으로 인정한 전교조 규약이 교원노조법 위반이라며 법외노조 통보를 했는데, 헌법재판소도 교원노조법을 합헌이라 판결하며 고용노동부의 손을 들어줬습니다. 10만 명 조합원 중에 해직 교사는 고작 9명뿐이었는데 말이죠. 그러니까 거꾸로 박근혜 정권 말기라는 상황에서 국민의 탄핵 의사가 너무나도 분명한데, 국회의 소추안 가결을 뒤집을 '기각' 판결을 내놓기는 어려울 것이라 판단했습니다. 다만 탄핵 기각을 주장하는 태극기집회가 주목받으면서, 여론이라는 분위기를 조성하려고 한 대통령 측의 움직임이 눈에 띄었을 때는 살짝 걱정이 되기도 했습니다.

만약 기각된다면 폭동을 일으키거나 한국에서는 못 살겠으니 외국으로 이민 가겠다는 이야기가 인터넷에서 화제가 되었습니다.

그런데도 기각될 가능성은 5퍼센트, 많아야 10퍼센트 정도라고 예상했습니다. 그 심증이 더 굳어진 것은 판결 며칠 전에 텔레비전에서 생중계를 허가했다는 뉴스를 들었을 때였습니다. 재판관 전원 일치로 파면 결정을 내리겠구나 하는 확신이 들었습니다.

집회 내용에 대해 묻고 싶습니다. 매번 문화행사가 열렸는데, 콘서트라든가 다른 행사도 다양하게 있었죠?

너무 많아서 퇴진행동에서 만든 일정표를 보지 않으면 다 파악하기 힘들 정도였습니다. 뮤지컬 공연부터 이은결 씨의 마술쇼인 일루미네이션쇼, 합창이나 댄스 공연도 펼쳐졌습니다. 촛불집회에 참가한 시민들이 지루해하면 안 된다고 생각했거든요. 시민과 하나가 될 수 있는 공연이어야 했습니다.

공연 말고도 시민이 직접 무대에 올라 하고 싶은 말을 쏟아내는 자유발언대 코너가 있었습니다. 발언하는 사람이 평범한 시민이라 때로는 긴장하는 모습을 보였는데, 오히려 그래서 마치 우리 자신이 이야기하는 듯한 일체감을 느낄 수 있었죠. 그리고 '하야 록 페스티벌'이라는 이름이 붙은 콘서트도 인기가 많았습니다. 저절로 어깨가 들썩일 정도로 흥겨운 무대라 주말을 맞은 시민들이 가벼운 마음으로 참가하기도 했습니다.

뮤지션들은 주최 측이 의뢰해서 온 건가요, 아니면 그쪽에서 지원해서 온 건가요?

반반 정도일까요. 그런데 저희 쪽에서 요청한 경우에도 다들 흔쾌히 노 개런티로 참가해주었습니다. 그런 의미에서는

모두 지원해서 왔다고 봐도 좋지 않을까 싶네요. 뮤지션 쪽
에서 전화가 와서 참가 의사를 밝힌 경우가 60퍼센트 정도
였을 거예요.

자원봉사자들의 활약도 눈에 띄었는데, 구체적으로 어떤 활동을 했나요?

촛불과 손팻말을 나눠 주고, 안전요원이 되어 빨간 유도봉
을 들고 교통정리를 하거나 시설 안내를 했습니다. 이런 활
동은 자발적으로 지원한 시민 봉사자가 맡았습니다. 퇴진행
동 중에서도, 예컨대 상황실에 있는 스태프 100여 명은 모
두 자원봉사자입니다. 각자 소속 단체에서 파견되어 무급으
로 활동했죠. 저도 그렇지만요. 그러니까 촛불집회를 구성
하는 모든 것이 자원봉사자들의 손을 거쳤다고 봐도 될 것
같습니다.

집회가 끝난 뒤에 쓰레기가 남지 않은 것도 화제가 되었죠.

쓰레기 정리는 이런 식이었습니다. 집회가 끝나고 사람들
이 시위를 하러 출발하면 어디서랄 것 없이 다른 시민들이
쓰레기봉투를 들고 나타났어요. 그렇게 대강 쓰레기를 수습
하고 나면, 이번에는 서울시 환경미화원들이 청소를 해주셨
죠. 서울시는 정말 눈에 보이지 않는 많은 곳에서 도움을 주
었습니다. 우선 집회를 위해 광화문광장을 개방했고, 집회

당일에는 광장 근처 빌딩에 화장실 개방을 요청해주기도 했습니다. 비상시를 대비해 공무원과 광화문 관리위원도 배치했고요. 이튿날에는 또 환경미화원들이 점검해주셨습니다.

그런 점에서 박원순 서울시장의 협조도 컸겠네요.

시장님은 정말 큰 역할을 하셨죠. 우선 광화문광장이 원래는 집회를 할 수 없는 곳이었어요. 광장 양쪽의 대로도 집회 금지였고요. 한국의 집시법(집회 및 시위에 관한 법률) 자체가 너무 제한적이라는 문제가 있는데, 집회 신청을 해도 경찰이 허가하지 않으면 할 수가 없거든요. 요건도 굉장히 엄격하고요. 그런 것을 서울시가 허가하는 방향으로 조정해줬습니다. 만약 허가가 떨어지지 않은 상태에서 집회를 강행했다면 불법집회가 되니 참가자들도 법을 어긴 셈이 됩니다. 그런 상태라면 재판소도 시위 불가 통고에 대한 가처분신청을 받아들이지 않았겠죠. 만약 탄핵이 기각이라도 됐다면 훗날 그 죄를 물어 연행자가 대거 발생하는 사태가 벌어졌을 겁니다. 2008년 집회와 비슷한 양상이 벌어졌겠죠.

시민들의 행동이 큰 성과를 냈는데, 그 원인을 설명해줄 수 있을까요?

시민들이 처음 광장으로 달려갔을 때의 심정은, 말하자면 '연예인 스캔들' 소식을 들었을 때와 비슷하지 않았을까요.

'뭐? 진짜 그런 일이 있었어?' 하는 느낌이요. 처음부터 수준 높은 정치의식을 갖고 모였다기보다, 이게 대체 뭔가 싶은 마음에서 시작한 거죠.

그러니 당시에는 끝내 대통령을 파면하고 구속하는 사태까지 발전하리라고는 누구도 예상하지 못했을 거예요. 10월 29일에 열릴 1차 집회를 준비할 때만 해도 그랬죠. 태블릿 PC 보도를 접하고 나서, 그런 일이 있었다면 집회라도 열어야 하는 거 아닌가, 자리를 마련하면 2,000명 정도는 모일 수 있지 않을까 하는 정도의 마음으로 시작했거든요. 그런데 실제로 뚜껑을 열어보니 수만 명이나 모였죠. 그때부터였습니다. 이거 심상치 않다, 엄청난 힘이 소용돌이치는 게 아닐까 하는 생각이 피부로 와 닿기 시작했죠.

지금껏 억눌리고 축적되어온 복잡한 감정이 도저히 받아들일 수 없는 대통령의 행위에 대한 분노와 결합해 거대한 에너지를 분출했다고 생각합니다. 끝까지 폭력사태 없이 평화롭게 집회를 진행해온 것도 큰 성과인데요, 사실 한국인은 지금까지 계속 평화를 추구해왔습니다. 권력이 탄압하지만 않으면 폭력사태는 발생하지 않았습니다. 2015년 민중총궐기대회 때도, 경찰이 사람을 향해 강력한 물대포를 쏘는 폭력을 행사했지만, 우리가 한 일은 기껏해야 경찰버스에 밧줄을 걸어 잡아당긴 것뿐입니다. 그건 폭력이라고 할 수 없습니다. 권력 측은 즉각 '폭력행위'라고 규정했지만, 설사 집시법을 위반했을지라도 그건 그 법이 너무 부조리한 규제를 가하고 있기 때문입니다. 이번에는 그런 탄압이 없어서 시민들이 끝까지 평화와 비폭력을 관철하는 자세를 보여줄 수 있었다고 생각합니다.

촛불집회가 진화를 거듭했다는 평가도 들었습니다.

구체적인 예를 몇 개 들어볼까요. 집회장에는 사람이 많다 보니 미아가 종종 발생합니다. 그런데 부모의 손을 놓친 아이가 있으면 바로 주변 사람이 무대로 데려와주었습니다. 무대에서 아이의 부모를 부르면 또 가까이 있는 사람이 그 부모에게 알려줘 다시 만나는 일이 잦았죠. 즉 타인의 일을 자기 일처럼 생각하고 행동한 사람이 많았다는 겁니다.

한번은 어떤 시민이 무대에서 자유발언을 하다가 박근혜 대통령을 '미스 박'이라고 부르고 최순실을 '강남 아줌마'라고 지칭한 적이 있습니다. 둘 다 여성 비하 표현이기 때문에 저희가 그 자리에서 사과했습니다. 그 무대는 결코 누군가를 배제하기 위한 자리가 아니었습니다. 그 사실을 모두가 공유할 수 있도록 반복해서 호소했고, 그 결과 서서히 사람들의 의식 속에 자리 잡아갔다고 생각합니다. 점차 절제된 행동이 나오고, 서로를 존중하고 배려하는 분위기가 정착되며 진화해갔습니다.

박근혜를 지탄하기 위해 시작한 일이지만, 광장에서 사회의 현실을 알리는 민주주의 학습의 장 역할도 했다고 믿습니다.

저도 몇 번 집회에 참가했는데요, 광장에 다양한 사람들과 함께 있다 보면 안도감과 해방감이 들어 마음이 굉장히 편안해졌던 기억이 납니다.

특히 요즘 젊은이들은 사회에서 계속 좌절을 경험하고 있습니다. 생각해보면 그들의 부모 세대보다 심한 가난을 피부로 느끼고 있는지도 모릅니다. 아마 젊은이들도 이번 경험을 통해 희망과 승리를 맛볼 수 있었을 것이라고 생각합니다. 한 번이라도 승리를 경험한 사람은 미래에 대한 희망을 품을 수 있습니다. 그렇기 때문에 분명 이 사람들이 앞으로 개혁의 원동력이 되어줄 겁니다. 한국 사회 전체를 봐도 의미가 큽니다.

다만 조금 걱정스러운 것은 '광장의 조증과 일상의 울증'을 겪은 사람들입니다. 광장에 있을 때는 함께 모인 사람들이 자신의 친구처럼 느껴지고 같은 에너지로 불타오르는데, 그러다 버스를 타고 집에 돌아오면 외로운 20대 취직준비생이 되어 허탈함을 느낀다는 표현이죠. '촛불의 광장'을 어떻게 일상으로 끌고 가느냐가 앞으로의 과제 중 하나입니다.

물론 당면 과제는 그 밖에도 많습니다. '촛불개혁'으로 하나씩 실천하고 해결해나가야 합니다. 실제로 1,700만에 가까운 사람들이 모여서 요구했던 과제가 현실에서 해결된 사례가 아직 거의 없습니다. 머지않아 대통령 선거도 시작되니까, 다음 일은 새로운 대통령에게 맡기면 되지 않을까 하는 심리가 있는 것도 사실입니다. 하지만 그건 결코 바람직한 모습이 아니에요. 우리는 민주주의를 통해 승리를 쟁취했어요. 이 경험으로 축적된 에너지를 일상생활로 되돌려야 합니다. 이를테면 우리 생활에 영향력을 행사하는 권력을 감시하는 거죠. 하나의 권력을 넘어뜨려도, 또 다른 권력에 의존하는 태도로는 개혁을 이룰 수 없을 테니까요.

우리의 과제를 100대 촛불개혁과제로 제시했습니다만, 그 가운데 지금까지 실현된 것은 세월호 선체 인양 정도입니다. 이들 과제를 실현하기 위해서라도 시민들이 조직적으로 움직여야 합니다. 예컨대 노동조합에 가입하거나, 시민운동에 참가 또는 후원하는 시민이 늘어야 한다는 거죠. 독서나 등산이라도 좋은데, 서로 이야기를 나눌 수 있는 자리에 참가해보는 겁니다. 그렇게 권력을 감시하고 서로 의사소통할 수 있는 체제가 마련된다면 어떤 권력도 쉽게 시민을 유린할 수 없습니다. 그것이 촛불집회에서 얻은 경험을 일상에서 실천해가는 길이라고 생각합니다.

박근혜정권 퇴진 비상국민행동은 박 정권의 퇴진과 함께 그 역할을 다했다
고 생각하는데요. 앞으로 지금 말씀하신 과제를 해결할 때는 어떤 사령탑
이 필요할까요?

이제부터는 사령탑 같은 큰 틀을 만들어 전체적으로 움직이
는 게 아니라, 각자 자기 자리에서 새로운 의식을 갖고 개혁
을 위해 움직일 것이라고 생각합니다. 1987년 민주화투쟁
이후, 누가 시키지도 않았는데 자연스럽게 많은 시민단체와
노동조합이 생겨나 민주주의 실현을 위해 노력해온 것처럼
요. 실제로 촛불혁명 이후, 노동조합에 가입하고 싶다고 상
담해오는 사람도 늘었다고 합니다.

박원순 시장이 촛불혁명의 노벨평화상 수상과 세계기록유산 등재를 추진
하겠다고 했지요. 그런 점에서 혹시 국제사회, 특히 일본 시민에게 전하고
싶은 이야기가 있을까요?

이번에 권력자를 끌어내리고 구속까지 한 것은 온전히 시민
의 힘이었습니다. 권력자들 사이의 다툼으로 교체된 게 아
니니, 말하자면 역성혁명(고대 중국의 정치사상으로, 천명을 어
기면 하늘이 다른 덕 있는 군주로 바꾼다는 뜻. '민심은 천심'이라
는 말처럼 위정자가 잘못하면 하늘, 즉 백성에 의해 바뀌는 게 이

치에 맞다는 뜻) 아닐까요.

1,700만이나 되는 시민이 결집해 힘을 발휘한 원천은 어쩌면 체제에 쉽게 순응하지 않고, 부당한 점이 있으면 거스르기도 하고 따지기도 하는 한국인의 특성과 관련된 건지도 모릅니다.

일본에서 시민운동을 하는 사람들을 만나면 그 차이를 확연히 느낍니다. 온순한 사람들이 많다고 할까요. 한국인은 체제가 강요하는 것을 바로 받아들이지 않고, 의심해보거나 문제 제기를 하는 경향이 강해요. 다만 결코 폭력을 행사하지는 않죠. 평화적으로 표현하고도 개혁을 이룰 수 있다는 것을 이번 시위가 보여줬다고 생각합니다. 그리고 그 과정에서 사람들이 희망을 품을 수 있게 되었다는 것을 세계인들이 기억해주면 좋겠습니다.

박진은 수원의 다산인권센터에서 20년간 활동했다. 이번에는 퇴진행동 공동상황실장 역할과 함께 대변인으로서도 활약했다. 3대 사회자 가운데 한 명으로 꼽힐 정도로 무대 진행 역할도 멋지게 해냈다. 운동권에서 사용하는 단어를 최대한 배제하고 시민들이 쉽게 이해할 수 있게 설명하는 말솜씨와 스스럼없는 인품으로 인기와 신뢰를 한 몸에 받았다.

힘없고 가난한 자를 무시하는 정치를
용서할 수 없어서

———— 우종숙 ————
1955년 출생, 민주노점상전국연합 여성위원장
증언

노점상전국연합이란

우리는 길거리에서 장사하는 노점상인의 권리와 삶을 지키는 단체입니다. 도시재개발로 삶의 터전을 잃은 '철거민'이라 불리는 사람들도 포함되어 있으니, 말하자면 가난한 삶에 내몰린 사람들을 위한 단체죠.

먹고사는 일만으로도 고달픈 하루하루입니다. 그래도 촛불집회는 거의 거르지 않고 참가했어요. 빠진 적은 딱 두 번입니다. 솔직히 말해서 처음에는 이렇게 큰 성과를 올리리라고는 예상치 못했습니다. 우리 노점상 단체가 한 사람 한 사람의 힘은 약해도 모여서 목소리를 높였더니 권리를 지킬 수 있었던 것처럼, 촛불집회도 이렇게 많은 사람이 모이니 엄청난 힘을 발휘한 게 아닌가 싶습니다. 우리도 우리의 삶만 생각하면서 운동하면 안 되겠다는 생각에 집회에도 참가하게 되었습니다.

돌이켜보면 1987년 6월 13일에 태어난 이 단체도, 지금이야 전국 3,000명가량의 든든한 회원이 있지만, 그동안 숱한 억압을 받아왔습니다. 특히 오세훈 전 서울시장 때는 동대문에 디자인플라자가 들어서면서 그 자리에서 영업하던 상인들이 모두 다른 곳으로 옮아갔어요. 손님도 지나다니지 않을 것 같은 곳으로 쫓겨난 탓에 제대로 장사를 할 수 없었죠. 700명 정도 되던 회원 가운데 500명 이상이 일용직 등으로 내몰리며 사라졌어요.

특히 우리가 영업하는 동대문 지역은 행정구역상 중구에 속해 있는데, 이곳 구청장이 예전에 새누리당 소속이었기 때문에 압박이 다른 지역보다 심한 면도 있었습니다. 저도 그것 때문에 꽤 많이 싸웠는데, 덕분에 전과자가 되고 말았습니다(웃음). 폭력이다, 공무집행방해다 해서 말이죠. 재판소에도 몇 번 다녀왔습니다. 벌금도 냈고요. 동대문에서 일한 지 벌써 17년이나 됐지만, 위기가 없던 적이 없네요. 예전에는 탄압이 심해서 지금 같은 집회도 딱히 할 수 없었습니다.

전기가 들어온 것도 겨우 5년 전이고, 그전에는 발전기를 사용했습니다. 물론 그전의 군사정권 시절에는 더 심했어요. 자유가 없는 시대라 민주주의는 아예 찾아볼 수도 없었거든요.

나보다 더 힘든 사람이 있다

처음에는 회사원인 남편과 결혼해서 전업주부로 살았습니다. 그러다 1997년 외환위기가 터졌고 남편도 다니던 직장을 떠날 수밖에 없었습니다. 대기업 중견사원이었는데 말이죠. 그 뒤 남편은 용산 미군기지에서 일했습니다. 저도 일을 해야 했지만, 인문계 출신이라 특별한 기술이 있는 것도 아니고 나이도 있어서 할 수 있는 건 식당 설거지뿐이었습니다. 그런데 그 정도로는 생계 해결이 안 되니까 다른 사람 밑에서 일하느니 내가 사장이 되어야겠다는 생각에 시작한 게 노점 일이었습니다.

일을 막 시작했을 때는 근처에 큰 국립의료원이 있어서 예전 회사 사람들이 오기도 했는데, 얼굴도 보고 싶지 않고 부끄럽다는 생각에 주저앉은 적도 있습니다. 제가 죄인처럼 느껴졌죠. 어떤 날은 불량배 같은 손님이 들이닥쳐 그릇을

집어던지기도 하고, 심할 때는 포장마차를 엎어버린 적도 있어요. 인간의 추악한 면도 많이 봤습니다. 그러다 이래서는 안 될 것 같아 생각을 확 바꿨습니다. 제가 하는 일을 다른 사람에게도 당당하게 말할 수 있게 됐고, 마음이 훨씬 편해졌습니다.

그렇게 변하고 나니 그전까지 보이지 않던 사람들이 보이기 시작했습니다. 나보다 힘들게 사는 어르신, 때로는 고생고생하며 사는 새댁의 모습이 이제야 눈에 들어온 거예요. 제가 단체에 들어가 저만 생각하지 않고 싸울 수 있던 것도, 그런 사람들이 있다는 사실을 깨달은 뒤부터입니다. 촛불집회에 참가한 것도 그 연장선입니다. 아침 10시부터 집회에 나가 시위가 끝나는 밤 9시, 10시까지 있었지요. 사실은 남편이 5년 전에 뇌졸중으로 쓰러져 계속 병원에 있어요. 집에 아픈 사람이 있으니까 제가 더 열심히 벌어야 하지만 이것만은 어쩔 수 없죠…….

장사를 하기 위해 집회에 나가다

제가 자주 가는 사우나 주인이 왜 장사는 안 하고 집회 같은 데 가느냐고 물어요. 그때마다 장사를 하기 위해 나간다고 대답하죠. 세상이 이 지경이면 우리도 발전할 수 없습니다. 옛날에는 그저 입에 풀칠만 하면 된다고들 했지만, 이제는 집도 마련해야 하고 차도 있어야 하고……. 생활 자체가 옛날과 달라요. 아무리 가난해도 밑바닥 생활로 만족하라고 말할 수 없게 되었습니다. 예전에는 중산층이라는 게 있었지만 지금은 양극단으로 나뉘었습니다. 위에 있는 사람들은 자신들의 기준으로 세상을 보고 점점 앞으로 나아가려고 하지만, 아래에 있는 사람들은 그걸 따라갈 수 없습니다. 앞으로는 아래에 있는 우리 보폭에 맞춰서 함께 걸어갈 수 있는 세상이 되어야 한다고 생각해서 촛불을 들고 나갔습니다.

1차 집회는 10월 말이었는데, 우리는 그전에 서울대학교병원에서 부검을 시도하려는 경찰로부터 백남기 농민을 지키고 있었습니다. 싸움은 이미 그때부터 시작이었죠. 우리 회원 20명도 얼어붙을 것 같은 추위 속에서 교대하면서, 이불을 머리까지 뒤집어쓰고 끼니도 그곳에서 만들어 먹고 그랬습니다. 그렇지만 경찰도 많이 변해서, 우리를 보호해주는 입장이 된 것 같았어요. 우리가 끝까지 평화롭게 질서를 지키니까 탄압할 수 없었던 거겠죠. 처음에는 이 정도 인원으로 싸우다 보면 충돌을 피하기는 어렵겠다 싶었고, 집회 도중에 항상 질서를 지키자고, 폭력을 휘두르지 말자고 외쳤습니다. 하지만 아무리 말해도 그걸 받아들이지 않으면 말

짱 꽝이죠. 젊은이들과 아이들 모두 규칙을 지키는 모습이 정말 멋졌습니다.

어느 눈 내린 집회 날, 추위 속에서 학생들이 장갑도 끼지 않은 채 맨손으로 쓰레기를 줍는 모습을 봤을 때는 정말 눈물이 흐를 정도로 감동했습니다. 우리도 가만히 지켜볼 수만은 없어서 거들었습니다. 그 뒤로는 항상 빗자루를 가져갔고요. 그 아이들도 집에서는 그런 행동을 하지 않았을지 모릅니다. 하지만 많은 사람들이 이 집회를 통해 변했다고 믿습니다. 조합과 단체에 가입하지 않았던 사람들, 유모차를 밀고 오는 사람들까지도, 모두 한마음이 되어 일사불란하게 움직일 수 있었던 것이 가장 큰 성과가 아니었을까요. 저도 여기 와서야 세상에 이렇게 많은 문제가 있었구나 하고 처음으로 깨달은 부분이 꽤 많았습니다.

사드에 관해서

이번 집회에는 전국에서 사람들이 몰려왔는데요, 저희는 저희대로 전국 각지로 향했습니다. 제주도에서 비행기를 타고 1,000명이나 되는 사람들이 온 것처럼, 저희는 제주도의 강정마을 해군기지 건설 반대 투쟁(2011~2016)에 달려갔습니다. 그때는 사드(고고도 미사일 방어체계)가 배치될 성주의 주민들도, 성주에서 그랬던 것처럼 한미군사전략에 따른 정부 결정에 주민 의사를 무시한 것을 용납할 수 없어 참가했습니다. 남편이 미군기지에서 일한 적도 있어서 미군에 대한 제 마음은 남다릅니다. 하지만 다른 나라가 우리 국민과는 아무런 상의도 하지 않고 마음대로 하려는데 막지 못한다는 것은, 나라의 힘이 약하다는 방증이겠죠.

한국은 지금까지 쭉 주변 강대국의 이해관계에 휘둘려왔습니다. 무력으로 무언가를 하려는 것도, 결국 그들 나라가 우리의 통일을 바라지 않기 때문에 나오는 발상 아닐까요. 그중에서도 미국은 가장 강력하게 자기 나라 이익을 위해 한국을 움직이려 듭니다. 한국에 무기를 팔고 싶으니까요. 중국은 중국대로 북한과의 관계를 자신들에게 유리한 쪽으로 이용합니다. 사드 배치에 대한 보복 조치라며 관광객을 제한한 것은 노점상 매출에도 큰 타격을 줬습니다. 동대문에서는 중국인 관광객 증가에 발맞춰 환경도 정비하고 호텔도 새로 짓는 등 준비를 진행해왔는데 매출이 급감해 부담만 떠안고 말았어요. 회원 중에는 "굶어 죽나 전쟁이 나서 죽나 마찬가지다"라며 사드에 반대하는 사람이 있을 정도였죠.

저는 원불교 신도인데, 성주는 원불교의 성지입니다. 그래서인지 늘 스님들이 많이 찾아와서 반대 운동의 선두에 섭니다. 그렇게 다양한 사람들이 모여 약자를 무시하는 정치에 저항하고 있습니다.

차별과 대립이 없어진다면

제 고향은 익산인데요, 지방에 가면 베트남이나 필리핀에서 시집온 여성이 꽤 많습니다. 다문화가정이라고 하지요. 그중에는 이웃에게 무시당하거나 가정폭력을 겪는 사람들이 종종 있습니다. 직장과 아이가 다니는 학교에서도 차별이 이루어집니다. 지역 주민에게 몇 번 이야기한 적도 있습니다. 우리의 과거를 떠올려보자고요. 예전에는 우리나라 사람들이 돈을 벌기 위해 중동으로 많이 나갔습니다. 그 시절 한국인의 입장과 비슷하지요. 그러니까 가난하다고 해서 그런 취급을 해서는 안 된다는 걸 우리는 잘 알고 있어요. 핍박당한 경험이 마음에 쌓이면 앞으로 계속 원망을 품고 마주 보게 될 것이라고 지역 주민에게 이야기했죠. 같은 동포이지만 북에서 온 새터민도 역시 무시하는 경향이 있습니다. 경상도와 전라도 사이도 그렇고, 날을 세우며 대립하는 사람들이 곳곳에 있어요. 서로 존중하고 용서할 수 있다면 얼마나 좋을까요…….

박근혜만 해도 개인적으로는 순탄치 않은 인생사였다는 생각이 듭니다. 탄핵이 가결된 날도 '가슴에 꽉 막혔던 게 내려가서 속이 시원하겠다'고 생각했는데 전혀 그렇지 않았어요. 오히려 마음이 불편했다고 할까요. 이게 진짜 우리가 바라던 일이었을까 하는 생각에 복잡했죠. 한 개인으로만 보면 누구와도 화해하지 못할 게 없을 텐데, 참 어려운 일입니다.

앞으로는 더 살기 좋은 세상을 만들어갈 수 있다

앞서 학생들이 추위 속에서 맨손으로 쓰레기를 주웠다고 했지요. 그런데 이뿐만 아니라 아무런 보답을 바라지 않고 타인을 위해 봉사하는 사람들의 모습을 여기저기서 목격했습니다. 우리 단체도 같은 중구에 있는 장충단공원에서 매달 한 번씩 무료급식 봉사활동을 하고 있는데요, 개인적으로는 소외된 아이들을 지원하는 3만 원 모금활동에도 힘을 보태고 있습니다. 이번 연합회단결대회에서도 봉사활동을 하자는 제안이 나왔어요. 독거노인에게 식사를 제공한다든가 하는 것이죠. 어묵 한 컵이라도 누군가를 향해 내미는 일이 서로의 마음을 얼마나 따뜻하게 해주는지 촛불집회 안에서 배울 수 있었습니다. 그리고 그것이 그 어떤 것과도 바꿀 수 없는 값진 성과였다고 생각합니다.

제게도 뜻깊었지만, 우리나라가 어디로 나아가야 하는지 제시해준 귀중한 경험이었다고 생각합니다. 처음에는 아무도 예상하지 못했지만 촛불집회는 엄청난 에너지를 만들어냈습니다. 광장이라는 소중한 장소가 있다는 것을 깨닫고 타인을 돌아보며 보냈던 소중한 시간을 되새기다 보니, 앞으로는 더 살기 좋은 세상을 만들어갈 수 있다는 확신이 들었습니다. 우리뿐만 아니라 지금까지 대립각을 세워온 사람들과 나라도 무조건 서로 다르다고 배척하거나 적으로 규정해서는 안 됩니다. 서로 이해하려고 노력한다면, 해결하지 못할 일이 없을 거라 믿습니다. 처음 만나는 사람들과도 광장 안에서는 하나가 되었던 경험이 많은 것을 일깨워주었습니다.

지난 잘못을 되풀이하지 않도록
렌즈 너머의 현실을 검증하다

─── 김상패 ───
1961년 출생. 기록영화 〈천 개의 바람이 되어〉 감독.
퇴진행동 옴니버스 프로젝트 〈광장〉 제작팀
증언

단순한 기록을 뛰어넘어

2차 집회 때부터 개인적으로 촬영을 시작했습니다. 프로젝트 촬영은 4차 집회 때 독립영화 감독들이 참여하는 퇴진행동 미디어팀이 구성된 뒤부터였죠. 미디어팀 안에서 역할을 나눴는데, 저는 주로 본집회가 끝나고 청와대로 행진하는 시민의 모습을 촬영했습니다. 선두 차량에 앉아 카메라를 들었죠. 그런데 어느 날 우연히 본집회 무대에 오를 준비를 하는 학생들의 모습을 촬영하게 되었습니다. 바로 계성고등학교 여학생들이었습니다. 이번 다큐멘터리 〈광장〉에 나오는 〈천 개의 바람이 되어〉라는 곡을 합창하는 장면이죠. 지금은 계성고가 길음에 있지만 예전에는 계성여고로, 명동에 있는 학교였습니다.

그때 번뜩 떠올랐습니다. 1987년 민주항쟁 시절, 명동성당에서 농성하고 있던 시민과 학생들에게 도시락과 약품을 넣어준 이들이 이 고등학교 학생들이었다는 사실 말입니다. 제 작품 〈천 개의 바람이 되어〉에도 당시 명동 농성과 관련된 영상이 나오는데, 대선배인 김동원 감독의 〈명성, 그 6일의 기록〉을 사용한 것입니다. 김동원 감독은 비전향 장기수를 다룬 〈송환〉이라는 작품으로 유명한 다큐멘터리계 거장입니다. 학생들이 부른 노래 제목이자 영화 제목이 되기도 한 '천 개의 바람이 되어'는 일본과 미국 등지에서 불리던 곡을 테너가수 임형주가 번안한 뒤 세월호 공식 추모곡으로 선정되었습니다.

미디어팀 감독들은 촛불집회를 있는 그대로 기록하는 동시에, 각자의 시점에서 촛불집회를 재조명하는 작품을 제작했습니다. 그리고 그중 10편을 모아 〈광장〉이라는 옴니버스 작품으로 완성했습니다. 그래서 단순한 기록이라고만 볼 수 없습니다. 어쩌면 집회에 참가한 시민 말고도 더 많은 사람들이 역사의 순간을 함께하기를, 촛불 이후에 우리나라가 나아가야 할 방향을 함께 생각해보면 좋겠다는 취지에서 만든 작품이라고 할 수 있습니다.

카메라에 담긴 학생들의 모습

이번 집회에는 초등학생과 중·고등학생도 많이 참가했지만, 1987년에는 그럴 분위기가 전혀 아니었습니다. 만일 그 시절에 집회에 참가하려고 한 아이들이 있었다면, 우리 어른들이 힘낼 테니 뒤에서 응원만 해달라며 거리로 나가지 못하게 했을 겁니다. 같은 해 계성여고 학생들의 경우에는 명동성당과 맞닿아 있는 학교라서 시위 참가자들을 돕는 행동이 자연스러웠죠. 시간 관계상 작품에는 등장하지 않았지만, 그 시절 고등학교 2학년이던 신경희 씨는 민주항쟁 이후 학생들의 직접 선거로 선출하는 학생회장 후보에 나가 초대 회장으로 멋지게 당선되었다고 합니다. 또 학생들의 도시락을 모아 성당에 전달해준 김현숙 씨는 김동원 감독의 〈명성, 그 6일의 기록〉에 등장하죠. 제 작품에는 지금의 명성고등학교 학생들이 18세부터 선거권을 행사하는 문제에 대해 토론하는 모습이 나옵니다. 길거리 인터뷰에서도 18세라는 나이가 정치적으로 미숙하다는 근거가 어디에도 없다는 발언을 하는 학생이 등장합니다.

저는 1987년에 대학원생이었습니다. 나와 똑같은 학생들이 매일같이 시위하는 모습을 보면서 마음속으로는 갈등하면서도, 그저 마감일까지 박사논문을 완성하기 위해 도서관에 틀어박혀 지냈습니다. 그런데 6월 10일 집회 전날, 연세대 이한열 군이 경찰이 발사한 최루탄에 맞아 쓰러졌다는 사실을 듣고는 더 이상 참을 수 없어서 처음이자 마지막 시위에 참가했습니다. 남대문 부근에서 집결해 명동 방향으로 가려고 했는데, 경찰이 쫓아와 지하도로 도망쳐 들어갔습니다. 제 기억은 거기서 끊겼습니다. 그때 경찰이 시민들이 몰려 있는 지하도 안으로 최루탄을 무차별로 쏘는 바람에 기절했거든요. 그게 마음의 빚으로 남아 기록영화를 만드는 거냐고 묻는 사람도 있습니다. 어쩌면 그 시절 우리가 느낀 고통을 30년이나 지난 지금 또다시 학생들과 젊은이들이 느껴야 한다는 두려움이 저를 움직이고 있다고 생각합니다.

과거의 잘못을 되풀이하고 싶지 않다

기억에 남는 에피소드가 많습니다. 어느 날 할머니 한 분이 본집회 무대 뒤에 있는 본부·상황실 텐트를 찾아오셨습니다. 그날 모금활동을 하는 자원봉사자를 만나지 못해서 직접 가져왔다며 의연금을 건네주셨지요. 또 한 중년 여성은 직접 만든 '삼겹살 김밥'을 갖고 오셔서는 매번 고생이 많다며 격려해주셨습니다.

지하철에서는 이런 일도 있었습니다. 어떤 아주머니가 박정희 초상을 들고 있었습니다. 그 모습을 보고 젊은이들이 "당신 같은 사람 때문에 나라가 이렇게 돼버렸다"고 하니, 아주머니는 "내가 얼마나 이를 악물고 살아왔는지 아느냐! 무슨 심정으로 아이들을 키웠는지 아느냐!"라며 되받더군요. 가슴이 아렸습니다. 모두가 시대의 피해자였으니까요.

탄핵 가결 소식과 함께 작년부터 이어져온 집회를 일단 마무리 지은 20차 집회가 끝난 뒤, 참가자와 관계자 모두 자리를 떠난 뒤에도 끝까지 남아 있던 건 저희 미디어팀이었습니다. 무대와 텐트를 철수하는 작업을 촬영하기 위해서였죠. 재밌는 건 마지막 작업을 촬영하는 우리를 또 다른 감독이 촬영하고 있었다는 거예요. 흥미로운 구도였죠.

이제 끝이라는 생각과 함께 진짜 시작이라는 실감도 났습니다. 1987년을 경험한 세대로서, 일찍이 시민이 이뤄낸 성과를 정당 간의 밀실거래로 한순간에 물거품으로 만들어버린 실수를 되풀이하지 않기 위해서는, 카메라 렌즈 너머에 있는 현실을 끊임없이 검증해나가야 한다는 생각이 절실했습니다.

1987년에는 목숨 걸고 집회에 나가는 분위기였고, 구속되면 나중에도 취직에 불리해지는 등 제약이 심했습니다. 제 작품에도 그런 장면이 나오는데요, 지금은 과연 완전히 달라졌다고 할 수 있을까요. 겉으로는 달라진 것처럼 보이지만 탄압의 양상만 다를 뿐 본질적으로 달라졌다고 하기 어려울 것 같습니다. 다만 퇴진행동이 집회 분위기를 시민의 축제처럼 이끌면서, 반정부적인 행동을 금기시하는 시선에서 벗어나는 데는 성공했다고 봅니다.

과거에는 재야 운동가이셨던 고 문익환 목사님과 지금도 집회 최전선에서 남다른 존재감을 드러내는 백기완 선생님 같은 분들의 노력에도 불구하고 현실을 바꾸지는 못했습니다. 헌법 개정에서 야당에 주도권을 빼앗겼고, 후보 분열로 군사정권을 이은 노태우를 등장시키고 말았습니다. 하지만 정치인 개개인에게 잘못을 묻는다고 해결될 일은 아니라고 생각합니다. 사회가 민주화될 것이라 믿었지만 시민의 힘으로 쟁취한 성과를 살리지 못한 탓에 이명박, 박근혜라는 보수 정권이 지금의 상황을 만든 것입니다. 제가 예전에 〈오류〉라는 작품으로 그리려 했던 주제가 바로 그것이었습니다. 이명박과 박근혜 정권에 몸담았던 누구 한 사람을 지탄하는 것이 아니라, 운동을 이끌어온 측에 부족했던 점을 제기하는 차원이죠.

이번에 1,700개나 되는 단체가 촛불혁명을 이루기 위해 힘을 합쳤는데요, 회의 도중에도 1987년 당시의 이야기가 자주 등장했습니다. 저와 동년배인 사람들도 있지만, 이번에는 1987년 때와 똑같은 일을 반복해서는 안 된다고요. 촛불 이후의 방향에 대해서는 심도 있는 논의를 거듭하면서 현황을 감시하고 정책까지 제안해나가야 합니다. 저는 영화인 입장에서 노력할 것입니다. 〈광장〉이라는 작품은 10명의 감독이 각자의 시선으로 촛불집회를 바라본 내용을 담았는데, 감독 몇 명이서 공동으로 촛불집회의 기조를 담아낸 속편을 만들 예정입니다. 조금 전에도 말한 것처럼, 앞으로 이 사회가 나아갈 방향에 대해 관객과 함께 생각해보는 시간을 마련하는 게 목적입니다.

유신의 망령이 되살아나다

앞으로는 앞서 짧게 소개한 〈오류〉라는 작품을 완성하는 작업을 2016년 11월부터 2017년 6월경까지 진행할 예정입니다. 그 밖에도 몇 가지 사회문제를 카메라에 담고 있는데요,

젠트리피케이션도 그중 하나입니다. 도심에 있는 노후 주택과 상업시설을 철거하고 새로운 상업지구로 만들면서, 임대료가 상승해 원래 거주하고 있던 사람들이 그곳을 떠날 수밖에 없게 되는 문제죠. 즉 지역의 고급화를 꾀하려다 기존 거주자를 내쫓아버리는 정책입니다. 그리고 마포구 아현동에서 30년 이상 영업해온 포장마차 16채를 강제 철거해버린 일도 있었죠. 구청 측이 뉴타운 주민의 민원과 미관상의 이유를 들며 포클레인까지 동원해 철거를 진행했습니다. 그곳에서 생계를 이어가고 있는 사람들의 호소를 무시하고 강행한 비인간적인 사건입니다.

일본 식민지 지배의 역사적 유산인 서대문형무소로 이어지는 옥바라지 골목(형무소에 수감된 독립운동가를 옥바라지하기 위해 가족이 머물던 골목)을 철거하려고 한 것도 마찬가지입니다. 또한 노량진 수산시장 현대화라는 명목으로 입주하고 있던 상점을 새로운 시설로 옮기는 계획이 진행되고 있습니다. 당연히 새 점포의 임대료는 비싸질 수밖에 없으니 40퍼센트가량만 옮기고 나머지 사람들은 투쟁을 이어가고 있습니다. 이 모든 것은 지난 박근혜 정권 때 진행된 일인데, 저는 여기서 아직도 박정희의 망령이 우리를 괴롭히고 있다는 걸 느낍니다. 박정희는 애초에 일본 이름을 두 개나 갖고 있던, 한국인이라고는 할 수 없는 인간이에요.

우리 세대는 고등학생 때까지 검정 교복을 입어야 했고 군사교육도 받았습니다. 선생님에게 맞아도 반항조차 허락되지 않는 시절이었습니다. 선생님들도 똑같은 교육을 받아서 가능한 일이었죠. 그런 방식이 지금도 이어지고 있다면 정말 부끄러운 일입니다. 하지만 이번 촛불집회에는 부모가 어린아이 손을 잡고, 또 할아버지가 손자 손을 잡고 참가했습니다. 그렇게 몸으로 체험한 민주주의가 아이들의 기억에는 어떤 식으로 남게 될까요. 제가 1987년의 기억을 30년이 지난 지금 〈천 개의 바람이 되어〉라는 짧은 영화로 남기려고 한 것처럼, 30년 뒤 자신들의 아이에게 이 이야기를 해주지 않을까요.

어떤 상황이 닥쳐도
풀뿌리 민주주의는 쉽게 무너지지 않는다

──── 이호영 ────
1970년 출생, 서울지하철노동조합 교육선전실장
증언

조합의 발자취

1974년에 서울특별시지하철본부라는 이름의 지하철 운영 기관이 생겼습니다. 당시 사장이라는 자는 광주시민운동을 탄압한 진압군의 수뇌부에 있던 인물이었으니, 말하자면 전두환의 심복 같은 사람이었습니다. "노동조합의 '노' 자만 나와도 가만 안 둘 것이다. 내 특기는 조합 깨부수기다" 같은 말을 공공연히 하는 사람이었죠. 당연히 회사 분위기는 군대 그 자체였고, 정강이를 채이거나 바리캉으로 긴 머리를 강제로 깎이는 게 당연했던 시절입니다.

24시간 근무에 내몰리는 비인간적인 근무체계와 관리직의 차별적인 태도 등에 맞서기 위해 1987년 8월 27일에 지하철노조가 결성되었습니다. 그해 6월의 민주항쟁과 여름에 시작된 노동자대투쟁 같은 분위기가 조합을 탄생시켰다고 볼 수 있죠. 지하철노조라고 하면 파업 이미지가 떠오를 텐데요, 1994년 문민정부(김영삼 정부) 시절에는 현재 코레일의 조합인 철도노조와 함께 대규모 파업도 시행했습니다. 그 뒤 1997년 외환위기로 정리해고 광풍이 불던 때에도, 노무현 정권이 비정규직 노동자를 늘리는 등 법을 개악했을 때에도 우리는 강경하게 대항해왔습니다. 특히 이명박 정권에서는 공기업 선진화라는 명목으로 인력을 10퍼센트 일괄 감축하려고 해, '역사상 최악'이라 불릴 정도의 충돌이 일어났습니다. 조합원 가운데 100명 이상이나 중징계 또는 해고 처분을 받는 결과가 나왔지요.

2013년에 기업 내 복수 노조 설치가 인정되어, 지금은 노동자 9,150명 가운데 한국노총 산하 조합에 2천 몇백 명, 저희 민주노총에 가맹된 지하철노조에 6,300여 명이 소속되어 있습니다. 조직 차원에서 보면 전국적으로 70만 명이 가입되어 있는 민주노총 안의 공공운수노조(17만 명) 가운데 철도지하철협의회에 소속된 조합으로, 전국철도노조와 부산지하철노조와는 형제조합이 되겠네요.

공기업과 준정부기관을 비롯한 공공기관에서는 촛불집회가 시작되기 전부터 성과연봉제 도입이 예정되어 있었고, 우리는 이것을 문제로 인식하고 싸워왔습니다. 성과연봉제는 제도의 이름이 보여주듯이 성과에 따라 연봉을 산정한다는 의미입니다. 만약 성과에 따라 등급을 A, B, C, D로 나눈다면, 제일 낮은 등급인 D등급을 받은 노동자는 퇴출, 즉 해고 대상이 되기 때문에 우리는 성과퇴출제라고 부르고 있습니다. 좀 더 정확히 말하자면, 적극적으로 활동하는 조합원을 콕 집어 해고할 가능성이 있는 제도라고 말해도 좋다고 봅니다. 성과를 판단하는 기준 자체가 모호하기 때문에 사용자 측이 마음대로 임금 차별과 해고를 할 수 있다는 점이 문제입니다. 성과연봉제는 결국 효율적으로 이익을 내라는 말이니까, 교통기관을 예로 들자면 외주를 늘리게 되겠죠. 즉 하청업체에 맡기는 업무를 늘려 임금이 싼 비정규직 노동자를 대거 도입하는 겁니다. 최종 목표는 '민영화' 실현이겠고요. 결과적으로 안전관리에 소홀해질 수밖에 없습니다. 점검, 개선, 수리 등을 줄이는 것이 '성과'가 될 테니까요.

병원에서는 환자에 대한 불필요한 처치가 늘어납니다. 예컨대 수술과 투약을 늘리거나 불필요한 검사를 받으라고 유도하게 됩니다. 그러면 환자의 부담이 늘고, 주사기를 한 번 쓰고 버리는 게 아니라 몇 번이나 재사용하게 되고…… 요컨대 국민에게 부담을 전가할 뿐 아니라 위험에 노출하는 것입니다. 작년에 스크린도어 사고로 하청노동자가 사망한 비극이 일어났는데, 개인의 부주의와 기기 결함 같은 문제로 돌릴 게 아니라, 성과제일주의가 일으킨 사고로 봐야 합니다. 실제로 앞서 이야기한 '역사상 최악의 충돌'이 일어난 뒤에 조합의 힘이 약해졌고, 업무 외주가 활성화되어 스크린도어 설치 및 관리 부문이 하청업체에 넘어갔거든요.

서울지하철은 박원순 시장이 조합 동의가 없으면 실시할 수 없게 만들어 성과퇴출제가 실현되지 않았지만, 공공기관 가운데 조합이 없는 곳도 있습니다. 그런 곳에서는 실제로 정부 방침에 따라 사용자 측이 원하는 대로 도입되기도 했습니다. 다만 새 정부가 방침을 폐기하는 방향으로 진행할 것을 밝히면서 지하철노조는 파업 3일째에 해결 국면으로 돌아섰습니다. 직접 정부와 대결하면서 역사상 최장기 파업을 실시한 철도노조는 법정투쟁에 들어갔습니다만, 최근 판결에서 조합 동의 없이는 새로운 제도를 도입할 수 없다는 결과를 받아냈습니다.

이번 집회는 꽤 늦은 시간까지 열려서 지하철 운행도 그에 맞춰 한두 시간 연장했습니다. 조합원 총회에서 결정한 일인데요, 시민도 그 결정을 환영해 서명운동을 벌였습니다. 다만 운행시간이 연장되면 당연히 저희 쪽 업무도 늘어납니다. 역에서 근무하는 역무원도, 지하철을 운전하는 기관사도 마찬가지예요.

기관사는 보통 4시간 반 정도 지하철을 운행하죠. 보통 2시간 타고 삼깐 휴식을 취하고 2시간 반을 탑니다. 그 밖에 사무실 행정업무와 운행 전 각종 준비업무 포함 총 8시간 근무입니다. 그런데 열차 운행 스케줄에 맞춰야 하니, 때에 따라서는 그날 업무가 끝나도 집에 들어가지 못하고, 숙직실에서 자고 다시 다음 근무에 들어갑니다. 지금 조합 사무실이 있는 이곳은 1호선과 2호선 일부 차량의 정비기지이기도 합니다만, 정비작업은 그날 열차 운행이 종료되고, 이곳에 입고된 뒤부터 시작됩니다. 소소한 점검부터 대규모 정비까지 이뤄지죠. 열차별로 한 달에 한 번, 세 달에 한 번꼴로 매뉴얼에 따라 차량을 해체해서 정비한 뒤 재조립하는 공정도 있습니다. 평소라면 0시에는 입고될 차량이 운행 연장으로 1시나 2시에 들어오면 당연히 정비도 늦어집니다. 때로는 눈도 못 붙이고 다음 날 운행 준비에 들어가기도 했습니다. 무엇보다 운행의 안전 확보가 중요하니까요. 일주일에 한 번, 집회가 있는 날에만 일어나는 예외적인 상황이기는 해도 큰일이기 때문에 직원들끼리 서로 힘들겠다고 위로하기도 했죠. 그래도 다들 기관사로서 보람을 느낀다고 이야기하곤 했습니다.

여기서 잠깐 에피소드 하나를 소개하고 싶습니다. 어느 기관사가 5호선 광화문역에 도착했을 때, "여기는 촛불이 켜지는 광화문역입니다. 시민 여러분, 대한민국을 위해 부디 힘내주세요"라고 방송했습니다. 조합 차원이 아니라 기관사 본인의 판단으로 한 일이었습니다. 또 다른 기관사는 "오늘 저는 근무하기 때문에 집회에 참가하지 못하지만, 여러분의 안전한 귀가를 위해 최선을 다하겠습니다"라고 방송해서 화제가 되었습니다. 이러한 사례는 이번 집회를 통해 노동자와 시민의 마음이 하나가 되었다는 사실을 보여주는 것 아닐까요.

2008년과 2017년의 차이

2008년 촛불집회 때도 다양한 계층의 시민이 자발적으로 모여 문화제 같은 분위기를 자아냈다는 공통점이 있습니다. 하지만 그때는 조합 및 시민단체와 개인으로 참가한 시민 사이에 마찰이 있었다는 점에서 차이가 있습니다. 언론과 정권 측에선 운동단체가 정권 타도라는 목표를 달성하기 위해 시민의 자발적인 행동을 도구로 삼으려 한다는 캠페인도 벌였습니다. 본집회 도중 꽤 많은 시민이 "깃발을 내려라! 깃발을 내려라!" 하고 합창하는 바람에 당혹스러웠지만, 결국 조합과 단체의 깃발을 내릴 수밖에 없었습니다. 시민들은 전문적인 운동단체의 정치 선동에 끌려가기를 거부했던 걸까요. 자기들은 순수하게 광우병 우려가 있는 소고기를 수입하려는 정부 정책만 반대했다는 걸까요. 개인적으로는 이명박 정권이 들어서고 2년차에 생긴 일이었으니, 어떤 정책을 비판하고 철회하는 것은 괜찮지만 정권 자체를 부정할 생각은 없었던 것 같습니다.

그에 반해 이번에는 이명박에서 박근혜에 이르는 보수정권 9년 동안 축적된 민주주의 후퇴와 파괴, 그 과정에서 고통받아온 모든 사람들이 목소리를 모아 박근혜 정권 퇴진을 외쳤습니다. 서로 다양한 입장에 있는 사람들이 쏟아내는 절실한 요구를 광장이 관대하게 수렴하는 분위기라서 운동가에 대한 부정적 시선도 거의 느끼지 못했습니다. 또 2008년에는 시위의 폭력성 문제가 논란이 되었는데, 이번에는 어쨌든 매번 수십만, 많을 때는 100만이 넘는 시민이 모여 행진했습니다. 그러니 공권력도 이것을 진압하거나 규제하는 것을 포기할 수밖에 없는 상황이라 문제가 될 수 없었다고 봅니다. 언론도 보수와 진보를 불문하고 박근혜-최순실 게이트의 진상을 파헤치고 대통령을 탄핵하는 방향으로 보도해왔습니다. 지배층이 이제 박근혜 정권을 포기했다는 뜻이겠죠.

2008년에는 언론이 특정 시점부터 '반정부 단체가 별것 아닌 문제에 대해 유언비어를 유포해 공포감을 조성한다', '공포감을 주며 시민을 선동해 반정부 행동으로 연결시키려고 한다' 같은 주장을 전면에 내세웠습니다. 공권력도 그 유명한 '명박산성'이라 불리는 컨테이너를 광화문광장 중간 지점에 쌓아놓고 그 이상 전진하지 못하도록 막아 국민의 외침을 철저히 무시했고요. 시위 후반기에는 더 노골적으로 진압했습니다. 그에 반발해 일어나는 충돌을 두고 언론에서 '결국 반정부 운동이 본성을 드러냈다', '순수한 시민이 운동가의 유언비어에 현혹되었다' 따위의 보도를 하는 등 분위기가 심각하게 돌아갔던 것이 떠오릅니다.

집회 도중, 특히 청소년이나 가족 단위 참가자들을 보면서 깊은 인상을 받았습니다. 1987년 민주화투쟁 이후 민주주의에 대한 열망이 점점 사그라지는 게 아닌가 하는 걱정이 개인적으로는 강하게 들었기 때문입니다. 그 뒤 외환위기를 거치며 한국 사회에 신자유주의가 뿌리를 내리는 가운데, 청년들은 경쟁주의와 개인주의에 치여 살게 되었습니다. 이제 민주주의라는 '낡은' 가치관에 헌신할 동력이 한국 사회에는 남아 있지 않겠구나 하고 비관적으로 바라보았습니다. 그런데 실제로 광장에 모인 많은 젊은이의 모습을 보고 나니, 설사 이 싸움이 패배로 끝나더라도 이렇게 강렬하게 민주주의를 경험한 세대의 DNA는 다음 세대로도 이어질 것이라는 확신이 들었습니다. 물론 집회 초기부터 중기까지 느낀 감정입니다. 결과적으로는 싸움에서 승리했으니, 제대로 우리나라 민주화운동의 재산이 되어 이어지겠지요.

1987년에 민주화를 이끈 세대가 사회에서 물러나 나이를 먹어가면서 어느 순간 그 경험을 잊고 보수화되겠구나 하고 생각했는데, 그 판단이 착오였다는 사실을 절실히 깨달았습니다.

우리 조합에도 작년에는 신입사원이 많이 들어왔는데요, 성과연봉제 때문에 파업할 때 굉장히 마음이 쓰였습니다. 이전부터 조합에 있던 사람들은 큰 투쟁을 경험해봤지만 신입사원들은 당연히 처음이었습니다. 옛날에는 조합에 들어오는 게 당연한 분위기였지만 지금은 각자 판단으로 조합에 들어오는 식의 생각 차이도 있었으니까요. 다행히 집회를 통해 10만 명 가까운 동료들이 하나 된 마음으로 행동하고 승리를 쟁취하는 경험을 했습니다. 그 뒤 조합 가입자가 늘었고, 활동도 더 활발해졌습니다. 자신들의 힘으로 승리를 이끌어냈다는 귀중한 경험이, 좁은 의미에서는 조합이지만, 넓게 생각하면 한국 사회 전체에서 승리를 거둔 정치적 경험으로서 소중한 재산이 될 것이라 믿습니다.

우리가 물려받은 과제

시민들은 굳건한 철벽처럼 느껴졌던 보수 지배층의 헤게모니를 강력하고 끈질긴 행동으로 무너뜨렸습니다. 이 경험을 통해 국민 스스로 자신감을 얻었고, 앞으로 그 자신감으로 무엇이든 할 수 있게 된 것이 가장 큰 성과라는 생각이 듭니다. 이는 정권 교체를 이룬 데 그치지 않고, 앞으로 어떤 상황이 닥쳐도 풀뿌리 민주주의가 쉽게 무너지지 않으리라는 것을 의미합니다. 흔히 이야기하는 '적폐 청산'은 9년간 이어진 보수정권만 그 대상일 수 없습니다. 위로 거슬러 올라가서 해방 이후부터 쭉 한국 사회에 뿌리를 내려온 수구세력의 문화와 정서, 언론과 국가기구 등의 제도적 폐해까지 재정비해나가야 합니다. 이는 단순히 한 정권에서 해결할 과제가 아니라, 국민 전체가 계속해서 풀어나가려고 노력해야 하는 과제겠죠. 우리의 정치적 권리, 시민으로서의 권리, 노동자로서의 권리를 앞으로도 지속적으로 확대해나가야 합니다.

그런데 최근 신문에서 '새로운 정권 탄생으로 본인의 생활이 변할 것이라 생각하는가' 하고 질문했더니, 30대에서 50대 사이 응답자 가운데 과반수가 '크게 변할 것 같지 않다'고 대답했다고 합니다. 뉴스 보도 등을 통해 뭔가 크게 변할 것이라는 기대감이 이제 조금 높아졌을 것이라 생각했는데 말이죠. '광장에서는 뜨거웠지만 일상에서는 여전히 차가운' 상황 탓이겠죠. 직장에서 경영진의 태도는 여전히 권위적이고, 숨 막힐 것 같은 분위기도 그대로이고요. 그 말은 광장의 촛불 정신을 각자의 삶 속으로 계속 끌고 와야 한다는 이야기 아닐까요.

정치인과 공무원이 일하지 않아서
국민이 직접 일어섰다

1979년 출생, 고양시 거주, 출판인
증언

박근혜 정권의 성적표

박근혜가 당선됐을 때는 제 눈을 의심했습니다. 그 뒤로 한 달 정도는 좌절감 탓에 아무것도 할 수 없었고요. 그전의 이 명박 정권이 해도 해도 너무했기에, 그에 대한 심판의 뜻도 있었는데…….

이명박은 4대강 사업을 통해 막대한 부를 축적했는데, 그것이 법적 책임 추궁으로까지 발전하는 것을 막기 위해서라도 박근혜를 대통령으로 앉힐 필요가 있었습니다. 박근혜가 당선된 건 이명박의 후원이 있었기 때문이겠죠. 대통령 후보

토론회만 봐도 박근혜가 얼마나 무능한지 알 수 있었는데, 그런데도 당선됐으니 이 나라는 권력을 가진 인간이라면 무슨 일이든 할 수 있는 건가 싶어 두렵기까지 했습니다. 언론은 정부의 홍보기관으로 전락했습니다. 이명박 정권과 박근혜 정권이 그것을 최대한 활용했지요.

우리 세대는 군사정권 시절을 직접 경험하지는 않았지만, 김대중과 노무현 정권을 통해 언론기관이 본래의 모습을 되찾았다고 알고 있었습니다. 그런데 또 이전 시대로 역행한 것을 보니, 군사정권이 어떻게 언론을 주물렀는지 간접적으로 경험한 듯한 느낌이었습니다. 박근혜를 지지했던 세력은 두 부류로 나누어볼 수 있습니다. 한쪽은 이명박 정권 아래에서 보호받아온 기득권층이고, 또 한쪽은 어려운 경제상황에 놓인 가난한 사람들입니다. 어용화된 언론 탓에 정권의 실태를 제대로 볼 수 없었기에 '박정희의 딸'이니까 괜찮을 거라고 믿었을 겁니다. 혹은 아버지(박정희) 시대는 더 좋았다며 향수를 느끼고 있었는지도 모릅니다. 하지만 박근혜 정권은 4년여 기간에 업적이라고 할 만한 것은 하나도 내놓지 못했습니다. 국회의원 시절에도 스스로 발의한 의제가 한 건도 없을 정도였으니까요. 본인이 능력이 없으면 주변에라도 유능한 인물을 배치해서 어떻게든 국민을 위한 정책을 실시해야 했는데, 청와대 관리직을 비롯한 중요한 위치에 믿기 힘들 정도로 부적절한 사람만 기용했으니……

외교도 심각했습니다. 한일관계는 최악으로 치달았고, 북한과도 관계가 악화되는 가운데 북한은 점점 핵개발에 힘을 쏟았습니다. 개성공단은 통일부장관과 아무런 협의도 없이 일방적으로 폐쇄해버렸고요. 해외순방은 자주 다녔습니다. 하지만 뚜렷한 목적이 있었다기보다 국내 정치문제가 복잡해지면 나가버리는 식이었습니다. 세월호 참사가 일어난 뒤에도 중남미 방문으로 꽤 오랫동안 자리를 비웠는데, 사진을 보니 피부에 윤기가 나더군요. 얼굴엔 미소가 가득했고요. 아무런 근심 걱정이 없는 인간처럼 보였습니다. 나중에 세월호 유가족을 안아주는 장면이 영상으로 여러 번 나왔는데, 나중에 보니 그 사람이 유가족이 아니라 박근혜를 지지하는 박사모 단체 회원으로 밝혀져 논란이 일기도 했습니다. 결국 대통령으로서 최선을 다하고 있다는 장면을 연출한 것뿐이지요.

이렇게 계속 가만히 있을 수는 없다

애초에 당선됐을 즈음부터 대통령과 최순실 아버지의 관계에 관해 별별 이야기가 나돌았습니다. 다만 결정적 증거가 나오지 않았고, 청와대도 의혹이 일 때마다 부정했으니 언론도 크게 관심을 갖지 않았죠. 그런데 이번에는 최순실이 소유하고 있던 태블릿PC에 관한 보도가 나왔습니다. 뒤이어 박근혜가 담화문을 발표하며 바로 그것을 부정했기에, 또 유야무야하면 사람들의 분노가 정말 폭발해버릴 것 같았습니다.

촛불집회는 딱히 누군가가 주도적으로 이끈 게 아닙니다. 관련 소식이 페이스북과 트위터로 퍼져나가면서 청와대로 가야 할 것 같아 달려나간 겁니다. 광화문광장에는 세월호 유가족 텐트도 있고, 정부를 향해 뭔가 하고 싶은 말이 있을 때는 그곳으로 간다는 암묵적인 이해가 있었어요. 그렇게 해서 1차 집회에 갔고, 다음 집회 때는 아버지도 함께했습니다. 우리처럼 어디에도 소속되어 있지 않지만, 어떻게든 이 분노를 표출해야겠다는 생각에 나온 사람들이 대부분이었을 거예요. 처음부터 대통령이 솔직하게 잘못을 인정하고 문제를 처리했다면 상황이 달라졌을지 모르지만, 그 뒤로도 어떻게든 쉬쉬하며 덮어버리려고 거짓말만 해대니 국민은 점점 분노했고 참가자가 계속 늘어났죠. 실제로 노인 복지 예산도 삭감되고, 유치원 같은 곳도 줄어들면서 삶은 더 팍팍해졌습니다. 그렇게 만든 정권에 대한 불만이 쌓여만 갔습니다. 그러니 이런 형태로 폭발한 것도 당연하다고 생각합니다.

이명박 정권이 들어선 뒤로 한국 사회는 돈만 있으면 된다는 풍조가 만연했습니다. 그전에는 교양이 없는 걸 부끄러워하고, 설사 속으로는 딴생각을 하더라도 겉으로는 예의를 차리는 게 보통이었습니다. 그런데 요즘은 상사의 갑질 문제가 세상을 떠들썩하게 만들고 있네요. 상대보다 높은 위치에 있다고 믿는 사람들은 다른 사람들의 눈을 의식하지 않고 큰 소리로 막말을 퍼붓습니다. 자신은 돈과 지위가 있으니 아랫사람에게 이러는 게 당연하다는 식이죠. 지식인이라 불리는 사람들은 어쩌다 목소리라도 내면 좌천되거나 압력이 들어오니 입을 닫아버리고, 이성적인 언론은 수그러들고 말았습니다.

이번 첫 집회 때 상상 이상으로 많은 시민이 모인 것은, 이런 사회에서 짓눌려 지내며 불만을 품고 있던 사람들이 그만큼 많았기 때문이겠죠. 저 같은 일반 시민조차 삶의 고달픔을 피부로 느끼고 있었을 정도니까요. 목소리를 내고 싶어 했던 사람들은 있었습니다. 그렇지만 그렇게 하면 반드시 보복을 당했습니다. 본인이 경찰에 연행되기도 하고, 지인이나 주변 사람들이 해코지당하는 경우도 드물지 않았습니다. 어제까지 옆에 있던 사람이 갑자기 사라져버리는 일도 있었습니다. 하지만 이번에는 지금까지와는 양상이 달랐습니다. 한국은 자식 교육에 각별한 열정을 쏟는 나라라, 권력자의 딸이 공부도 안 하고 명문대에 들어가는 일은 절대 용서할 수 없었던 겁니다. 사회의 다양한 분야에 속한 사람들이 권력자에게 경고하기 위해 모인 것을 보니, 지금까지처럼 무참히 짓밟히는 일은 없겠구나 하는 예감이 들었습니다.

권력과 싸운 사람들의 피와 땀을 생각하다

서울의 중심부 경복궁 앞에 있는 광화문광장은 아주 오래전부터 이 자리를 지켜왔습니다. 셀 수 없을 정도로 많은 선조들이 더 나은 세상을 만들고 싶다는 마음 하나로 이곳에 모였겠지요. 그분들의 피와 땀이 있었기에 지금 우리가 이곳에 서서 권력자를 향해 조금이라도 소리를 낼 수 있구나 하는 생각이 들었습니다.

광장에 서니 과거에 그렇게 상처받고 쓰러져갔던 사람들은 지금 우리를 어떤 심정으로 지켜보고 있을까 하는 생각이 들었습니다. 그분들에게 죄송했습니다. 그리고 내가 나이 들었을 때를 상상하니 우리보다 어린 세대를 위해 열심히 싸우고 행동하면서 그들이 살아갈 토대를 단단히 다져줄 의

무가 있는 건 아닐까 하는 생각도 들었습니다. 보수정권에서 10년 가까이 지내면서 위축된 삶을 살았을 때는 역사에 관심도 없었죠. 그런데 광장에 나가 권력자의 억압과 그에 대한 국민의 저항이 지금까지 죽 이어져왔다는 사실을 깨닫고 나니 근현대사뿐 아니라 그 이전의 역사, 크게 보면 인류의 역사까지 거슬러 올라가 시야가 넓어진 느낌이 들었습니다.

민주화운동의 역사를 보면, 정권이 국민을 탄압하기 위해 탱크를 앞세우고, 쓰러진 사람을 군화로 짓밟고, 연행한 사람을 잔인하게 고문하는 것이 당연했던 시절이 불과 얼마 전이었습니다. 시민들이 잠자코 당하고만 있어야 했을까요. '과격한 행동'을 한 것은, 그렇게라도 하지 않으면 도저히 권력의 횡포를 막을 수 없었기 때문이었다고 생각합니다. 촛불집회에 100만이 넘는 사람들이 모여 정권을 향해 경고하는데도 정권은 듣는 시늉도 하지 않고 계속 무시했지요. 그 모습을 봤을 때는 솔직히 이제 우리가 '과격해져야' 하는 게 아닌지 고민한 적도 있었습니다. 시민의 목소리에 귀를 기울여 겸허하게 자신의 과오를 인정하기는커녕, 자리에서 꼼짝도 안 하니 우리가 주말마다 만사 제쳐두고 모일 수밖에 없었던 거예요. 정말 너무 화가 났습니다.

직장에 다니는 사람들은 주말밖에 쉴 수 없는데 그 시간을 빼앗겼습니다. 주말마다 지방에서 사람들이 서울로 올라오니까 지방 상점가가 큰 타격을 받았다는 이야기도 들었습니다. 외부에서는 100만이 넘는 시민이 모인 것을 보고 '감동적'이라는 표현을 했지만, 저는 오히려 '이렇게나 모였는데 권력이 미동도 하지 않는' 데 대해 절망과 무기력을 느낀 측면이 더 컸습니다. 다만 시민들의 불만이 쌓이고 또 쌓이면 결국 폭발할 수밖에 없다는 사실도 깨달았습니다. 시위는 아니었지만, 2002년 월드컵을 응원하면서도 비슷한 감정을 느꼈습니다.

지금까지 무기력에 사로잡혀 아무것도 하지 못하고 있었다고 생각했던 시민들과 제 주변 사람들이 키보드 앞에서만 불평하는 게 아니라 실제로 광장에 나가 목소리를 냈습니다. 그 모습을 봤을 때, 특히 1차 집회에서 그 모습을 확인했을 때는 솔직히 울컥했습니다.

노무현 전 대통령의 추모식에서 만난 사람들

노무현 대통령이 서거했을 때도 이번과 비슷한 일이 있었습니다. 서울에서 영결식을 마치고 고향 마을로 다시 돌아갈 것이라는 보도를 보고, 회사 동료와 함께 고속버스를 타고 경남의 봉하마을로 향했습니다. 전국에서 조문객이 몰려올 것이라고 들었기 때문에 조문객 대응이나 설거지 등 무슨 일에서든 일손이 필요할 것 같다는 생각에 달려갔죠. 연차를 내고 갔는데, 청소를 하다가 대학 선배 몇 명이 왔다는 걸 알았습니다. 그 선배들은 부유한 가정에서 자란 사람들이어서 이런 일에는 관심도 없을 거라고 생각했는데……. 그 밖에도 침통한 모습으로 방문한 이들 중에 아는 얼굴을 몇 번이나 발견했습니다. 유명한 KBS 아나운서도 있었습니다. 평소에는 권력의 앞잡이 노릇을 했어도, 마음속으로는 아니라고 생각했던 거겠죠. 그동안에는 속마음을 겉으로 드러낼 수 없었지만 개인적으로는 고인을 애도하고 싶어 달려왔다는 사람들이 많았습니다.

그때 든 생각이 있습니다. 시민들이 평소에는 먹고사느라 바쁘지만, 결정적인 순간에는 사회의 잘못을 뿌리 뽑기 위해 행동하는 본성이 있다는 거죠. 이번 집회에서도 같은 감정을 느꼈습니다. 길 안내와 교통정리, 수화통역 등 봉사활동은 다양한 자리에서 이루어졌습니다. 이번에 경찰버스에 붙인 꽃 스티커 보셨죠? 유명 일러스트레이터인 이강훈 씨가 평화를 바라는 시민의 뜻을 표현하기 위해 무보수로 재능을 기부한 겁니다. 이분도 그전까지는 정치활동에 적극적이지 않은 평범한 시민이었어요. 주변 사람들에게 사탕을 나눠 주고, 화장실에 가는 사람에게 길을 터주는 사소한 행위로도 모두가 하나로 이어져 있었습니다.

1987년 세대의 죄책감

1980년대에 학생운동을 했던 사람들은 당시에 인기 있던 양희은, 안치환 같은 가수가 나와 노래하면 마냥 감동하기보다 '아직도 이 사람들이 노래를 불러야 하는 상황이 이어지고 있는 건가' 싶어 탄식했습니다. 우리가 그렇게나 열심히 싸웠는데……. 개인이 잘못을 범했을 때는 시간이 지나면 잊히기도 하지만, 사회 전체에 영향을 미치는 '악의 축'은 철저하게 뿌리를 뽑지 않으면 어느 순간 조금씩 머리를 쳐듭니다. 그래서 유럽 등지에서는 반민주적 행위를 한 사람들을 결코 용서하지 않습니다. 한국에서는 1987년 투쟁 이후 그 뿌리를 완전히 제거하지 못했기 때문에 사회를 후퇴시키는 세력이 부활해서 지금에 이르렀다고 봅니다. 그래서 그 당시 활동했던 사람들은 광장에 모인 수많은 시민을 봐도 감동이 아니라 죄책감을 느끼는 거죠. 젊은 사람들을 볼 면목이 없습니다.

2016년 12월 9일 국회에서 탄핵소추안이 가결되었습니다. 정권 말기인 데다 정권의 수많은 부정부패가 만천하에 드러나 있었기 때문에 헌재에서도 인용될 것이라 믿었습니다. 의원들도 다음 정권을 준비할 수밖에 없는 처지라 굳이 국민의 뜻을 거스르고 반대표를 던지기는 힘들 것이라 짐작했습니다. 그래서 유엔사무총장이었던 반기문 씨에게 러브콜을 보내 영입하려고 했던 거겠죠. 여당조차 박근혜를 포기한 셈입니다.

걱정스러웠던 쪽은 오히려 헌법재판소였습니다. 저는 지인들과 일주일 전에 모여서 어떻게 될지 내기하듯 의견을 나눈 적이 있습니다. 박근혜 정권은 불리한 일이 있으면 박정희 때처럼 정치공작을 통해 덮어버리는 데 거리낌이 없을 터였습니다. 극단적으로 말해 그 국면을 극복하기 위해서라면 북한과 국지전도 일으킬 수 있을 것 같아 걱정이 이만저만이 아니었습니다. 재판소 앞에서도 박사모 같은 단체가 시위하고 있었으니, 상황을 낙관할 수만은 없었습니다. 그래서 우리 사이에서도 의견이 둘로 나뉘었을 정도로 예측이 어려웠죠. 판결 당일, 이정미 재판관이 판결문을 몹시 오래 낭독한 데다 박근혜가 주장하는 내용이 포함되어 있어, 주문을 읽을 때까지 계속 조마조마했습니다. 하지만 실제로 가결된다면 분명 후련하고 축제 같을 것이라 생각했는데, 의외로 그러지 않았다고 다들 입을 모았습니다. 아마도 이 사건 자체가 우리나라로서는 불행한 사건이고, 한 개인 입장에서는 자신의 자리에서 쫓겨나 감옥에 갇히는 일이니, 국민으로서도 결코 유쾌하거나 단순히 기뻐할 거리가 아니었기 때문 아닐까요. 우리도 집회에 참가하기 시작했을 때부터 이런 상황을 바란 건 아니었습니다. 대통령 본인이 스스로 잘못을 인정하고 내려오기를 기대했죠. 회사에서 어떤 큰 문제가 발생했을 때 누구 하나 사표 쓰는 걸 바라는 게 아니라, 위기를 수습하고 문제를 해결하는 것, 그리고 그것을 계기로 회사가 더 나아지기를 바라는 것과 마찬가지입니다.

모든 것은 세월호에서 시작되었다

우리 국민이 이런 행동을 하게 된 것은 2014년의 '세월호 사건' 이후로 계속 불만과 불신이 쌓여왔기 때문입니다. 세월호의 비극을 통해 알게 된 것이 있습니다. 정부가 국민의 생명과 안전을 지켜주지 않는다는 사실, 대통령뿐 아니라 우리의 세금으로 활동하는 공무원도 군인도, 누구 하나 국민을 위해 움직이지 않는다는 사실을 뼈저리게 깨달았죠. 그 사건이 트라우마처럼 남아 나의 생명과 재산과 권리는 내가 전면에 나서서 지킬 수밖에 없다는 잠재의식이 싹텄다고 생각합니다. 동시에 우리가 국정을 맡기려고 뽑은 의원들도, 여당과 야당을 불문하고 결코 국민을 대변해서 국민의 뜻에 따라 움직이는 게 아니라는 사실도 깨달았습니다. 정치인에 대한 불신, 국민을 보호하지 않는 정부에 대한 실망이 있었습니다. 그래서 이제 모든 일을 그들에게 맡기는 게 아니라, 스스로 생명과 가족, 공동체를 지키기 위해 행동하게 되었다는 것을 이해해주기 바랍니다. 결코 배후에 '북한의 앞잡이'가 있다든가, 운동가에게 선동당한 게 아닙니다. 정치인이 국민을 위해 일해줄 것이라는 기대가 배신당해, 참다못해 국민이 직접 문제를 해결하려고 일어섰다는 사실을 알아주세요.

보수의 아성이라도
박근혜 정권은 참을 수 없었다

──── **조영보** ────

1964년 출생, 인천시 강화군 거주, 농업인

증언

보수의 색채가 짙은 땅에서도

강화도는 북한과 가깝습니다. 그래서 원래 반공이랄까, 이념적으로 보수적인 경향이 강한 곳이었습니다. 박근혜 지지도가 70퍼센트나 됐을 정도니까요. 지난 대통령 선거에서도 수도권에서는 드물게 보수인 홍준표 후보가 1위, 문재인 후보가 2위였습니다. 그러니 촛불집회에 참가하는 사람보다 박근혜 대통령 지지를 외친 태극기집회에 나간 사람이 더 많았을 겁니다.

저는 예전에도 촛불집회에 가본 적이 있어서 자연스럽게 참가하게 되었습니다. 강화도에서도 지역집회가 매주 목요일에 열리긴 했습니다. 집회를 주도할 만한 시민단체 활동을 경험해본 사람은 대략 10명 전후였지만, 이대로 있을 수만은 없어서 광화문에서 집회가 열리는 토요일을 피해서 2월까지는 계속 집회를 열었습니다. 최대 200명가량 모인 적도 있습니다. 이번 광화문 집회에는 2차 때부터 참가했습니다. 마침 백남기 씨 영결식이 있었던 때네요. 2년 전에 백남기 씨가 경찰의 물대포를 맞고 쓰러졌을 때도 집회에 참가했습니다만, 이번에는 가족 단위로 오는 사람이 많아 분위기가 꽤 달랐습니다. 광장에 앉아 공연을 보거나 노래에 맞춰 몸을 흔드는 것이 익숙지 않아 우리 세대는 오히려 위화감을 느낄 정도였습니다. 2015년 때는 경찰이 교보문고 부근부터 종로와 세종로가 교차하는 지점을 버스로 완전히 막아버렸기 때문에 광장에는 아예 들어갈 수 없었습니다.

청소년의 생기발랄한 모습

예전처럼 단체나 조직 차원에서 참가하는 분위기가 아니라서, 강화도에서 나갈 때도 일부러 모여서 가지는 않았습니다. 버스터미널에 가면 낯익은 가족이 와 있고, 너희도 가는

구나 하는 식이었죠. 문화행사에 공연도 열리니까 가족끼리 가기에도 알맞은 느낌이었습니다. 집에 돌아와서는 같이 식사도 하고 술도 마셨습니다. 마치 휴양하러 온 느낌으로 말이죠. 최루탄이 날아다니고 경찰이 참가자에게 물대포를 쏘는 상황이었다면, 아이 손을 붙잡고 가는 건 상상도 못했을 겁니다.

광장에 갔다가 중·고등학생들이 삼삼오오 그룹을 지어 집회를 여는 모습을 보고 신선한 충격을 받았습니다. 단체나 조합의 대표가 발언하면 대개 하는 말이 정해져 있어서 딱히 재미있지 않은데, 아이들은 긴장해서 중간에 말문이 막히기도 하고, 또 생각지도 못하게 논리 정연한 말을 하기도 해서 저도 모르게 빨려 들어갔습니다.

특정 사회문제에 관심 있는 사람들만 모인 게 아니었습니다. '이게 나라냐?'라는 슬로건이 보여주듯이 대통령이 상식적으로는 생각하기 힘든 언행으로 국정에 모욕을 줬기 때문에, 나이도 계층도 다양한 사람들이 참가했던 것 같습니다. 농민단체인 전국농민회총연맹에서는 트랙터와 경운기를 앞세워 참가하기도 했습니다. 하지만 강화도에서는 농민단체라는 게 투쟁하는 조직이라기보다 이익단체라, 그렇게 조직적으로 참가하지는 않았습니다.

농촌이 어려워지고 있습니다. 1970년대부터 구조적인 문제가 계속 쌓여온 것이기 때문에 어쩌면 한 정권에서 해결할 수 있는 문제가 아닐지도 모릅니다. 물론 FTA 체결로 수입 농산물이 밀려들어오면서 타격을 입기도 했지만요. 그런데 박근혜 정권 때는 80킬로그램당 18만 원이던 쌀값을 21만 원으로 올린다고 공약해놓고서, 거꾸로 작년에는 14만 원으로 뚝 떨어뜨려버렸습니다. 그런 식으로 눈에 띄는 실정을 저지르다 보니 불만이 더 극심해졌다고 봅니다.

2017년 대통령 선거 후보자들도 말로는 여러 가지 대책을 약속했습니다. 예컨대 청년 농업인에게 일률적으로 매달 얼마씩 무조건 지급해준다든가요. 젊은이들이 자꾸 농촌을 떠나니까 농촌에 붙잡아두려는 정책이겠지요. 그런데 그게 과연 쉽게 실현될까요. 예산 문제도 있을 것이고, 선거의 향방을 농민이 좌우하는 상황이 아니니 추진하기 어려울지도 모릅니다. 오랜 시간이 걸리는 일이라고 생각합니다.

이곳은 벼농사를 짓는 농가가 많아서 쌀값 문제가 제일 심각합니다. 작년에는 전국적으로 구제역과 조류인플루엔자로 타격을 받은 농가가 많았습니다. 그래도 강화도에는 특별한 피해가 없습니다. 가뭄의 영향은 크지만, 지금 상황에서는 작년에 내린 비를 가둬놓은 저수지 덕분에 문제가 없습니다. 재작년에는 모내기조차 하기 힘들어서 김포 하구에서 한강 물을 끌어와 농업용수로 쓴 적도 있었거든요. 저는 포도 재배를 해서 가뭄보다 비가 너무 많이 올까 봐 걱정이긴 합니다. 물이 없으면 지하수를 퍼 올려서 뿌리면 그만이지만, 폭우가 이어지면 손쓸 도리가 없습니다. 그래서 태풍이 오면 곤란한데, 최근 4년간은 태풍이 한 번도 오지 않았습니다. 오히려 사람 손이 필요한 작업이라 일손 부족이 더 골치 아픈 문제가 되었죠.

국민이 정치를 바꾸고
민주주의의 후퇴를 막았다

박근혜에게 공적이라고 할 만한 게 하나도 없었던 사실이 국민들은 불만이었을 겁니다. 게다가 자기 기준에 맞지 않는 건 절대 인정하지 않고 '나쁜 사람들'로 규정짓는 방식에 대한 분노도 상당히 컸다고 생각합니다.

제가 사는 곳은 한 선거구에서 여당 후보가 2명이나 나와, 당의 추천을 받은 자와 받지 못한 자끼리 싸우는 보수적인 지역입니다. 그런데도 박근혜 정권을 두고 볼 수 없어 이런 사태가 벌어진 겁니다. 원래 농촌은 소외되고 차별받은 역사가 있습니다만, 지금은 사회 전체에서 불평등 문제가 퍼져나가고 있습니다. 이를테면 비정규직 노동자 증가나 취직난 때문에 점점 양극화가 심각해지고 있습니다. 양극화를 해소하는 방향으로 나아가면 좋겠다는 게, 이번 집회에 참가한 사람들의 공통된 마음 아니었을까요. 물론 이외에도 다양한 문제를 짊어지고 있는 사람들이 있으니, 그것들이 모두 해결된다면 가장 좋겠지요.

국회에서는 여당과 야당 세력이 균형을 이루고 있어 새로운 정권이 추진하는 일이 순조롭게 진행되지 않는 게 현실입니다. 원래 한국에서는 진보세력이 4할, 보수세력이 6할이라고 합니다. 지금은 아직 새 정권이 들어선 지 얼마 안 돼서 국민의 지지도 높으니 무턱대고 억지를 부릴 수는 없겠죠. 하지만 조금만 지나면 조선, 중앙, 동아일보로 대표되는 보수 언론이 작은 실정을 크게 걸고넘어질지 모릅니다. 예전에는 그렇게 되면 국민들도 '빈부격차가 줄어들지 않는다', '취직난도 변함이 없다' 같은 비판적인 방향으로 흘러가, 다시 보수층이 부활하기도 했습니다. 다만 이번에는 국민이 자발적으로 모여 행동함으로써 정권을 교체했습니다. 정치인도 깨끗이 승복할 수밖에 없을 테니 늘 국민의 뜻과 여론에 주의를 기울이겠죠. 개별 사안마다 모두 그럴지는 모르셨지만 말입니다. 적어도 어떤 큰 문제가 일어나면 국민이 언제든 행동할 수 있다는 사실을 정치인도 깨달았을 것입니다.

국민도 이번 경험을 통해 민주주의를 배웠습니다. 내가 직접 행동해야 하는 때가 있다는 사실도 깨달았죠. 승리를 직접 경험함으로써 행동의 결과에 대해 자신감을 얻은 게 큰 의미라고 생각합니다. 그것이 개별 문제에 어떻게 작용할지는 아직 알 수 없지만, 적어도 정치적인 민주주의가 크게 후퇴할 일은 이제 없을 것이라고 믿습니다.

퇴진행동 해산선언 및 적폐 청산·촛불대개혁 요구 기자회견문

1,700만 촛불과 함께한 모든 날이 행복했습니다.

퇴진행동은 해산하지만 세상을 바꿀 촛불은 언제든 타오를 것입니다.

퇴진행동은 박근혜 정권 퇴진이라는 소임과 역할을 다했기에 국민들께 해산을 선언합니다.

함께했던 지난 6개월, 가슴 벅찼던 나날을 돌아봅니다.

"이게 나라냐!", "박근혜는 퇴진하라!", "박근혜를 구속하라!", "재벌도 공범이다!", "부역자를 처벌하라!", "적폐를 청산하자!"

10월 29일, 3만으로 시작된 함성은 12월 3일 232만이 모인 가운데 탄핵안을 가결시켰습니다. 범죄를 부인하고 버티

던 박근혜는 1,700만 촛불 앞에 끝내 파면당하고 구속되었습니다. 분노한 민심, 정의를 열망하는 민심이 최고의 권력임을 유감없이 보여준 역사였습니다. 23차에 이르는 범국민 행동의 날까지 반납한 주말이었지만 광장을 향한 발걸음은 언제나 설렜습니다. 늦가을에 시작해 매서운 한파를 뚫고 새봄이 올 때까지 촛불을 꺼뜨리지 않은 시민들이야말로 위대한 촛불항쟁, 촛불혁명의 주인공들입니다.

돈 한 푼 없이 시작했지만 광장의 모금함은 언제나 넘쳐났습니다. 발 디딜 틈 없이 유례없는 인파가 모여도 걱정하지 않았습니다. 지난 6개월 우리는 모두가 주인이고 모두가 하나였던 촛불의 바다를 만들어왔습니다. '어둠은 빛을 이길 수 없다'고 한 세월호 가족들이 촛불의 버팀목이 되어주었습니다. 중도반단中途半斷하지 않았기에 촛불은 항쟁이 되고 혁명이 되어 박근혜 정권을 퇴진시켰습니다. 최순실, 김기춘, 이재용 등 주요 범죄자와 공범을 구속시켰으며, 역사를 되돌려온 지긋지긋한 수구세력을 역사의 뒤안길로 밀어내고 새 정부를 출범시켰습니다.

이 위대한 일을, 가진 건 몸뚱이밖에 없는 국민이 해냈습니다. 퇴진행동은 촛불시민과 함께한 모든 날이 행복했습니다. 퇴진행동의 수많은 일꾼들도 촛불의 동반자로, 안내자로 일할 수 있어서 영광이었습니다. 저희들은 이제 퇴진행동을 해소하고, 다시 제자리로 돌아갑니다. 그러나 끝이 아니고 다시 시작입니다. 적폐 청산과 사회대개혁은 포기거나 타협해서는 안 될 촛불의 명령이고 요구입니다. 퇴진행동에 함께했던 모든 일꾼들과 단체들은 촛불이 남긴 과제를 실현하는 데 앞장서겠다는 약속을 드립니다. 민주주의와 민생, 평화와 노동의 권리가 파괴되는 삶의 현장에서 언제나 국민과 함께 촛불을 들겠습니다. 불의한 권력을 단죄했듯이 더 좋은 세상을 만들기 위한 촛불은 계속되어야 합니다.

박근혜 정권을 퇴진시킨 촛불항쟁 만세! 촛불혁명 만세!
촛불은 계속된다! 적폐를 청산하자!
촛불은 꺼지지 않는다! 사회대개혁 실현하자!

2017년 5월 24일
박근혜정권 퇴진 비상국민행동

KI신서 7376

광장의 목소리

초판 1쇄 인쇄 2018년 4월 30일
초판 1쇄 발행 2018년 5월 10일

지은이 다카기 노조무 **옮긴이** 김혜영
펴낸이 김영곤 **펴낸곳** (주)북이십일 21세기북스

정보개발본부장 정지은
정보개발1팀장 이남경 **책임편집** 김선영
해외기획팀 임세은 채윤지 장수연
출판영업팀 최상호 한충희 권오권
출판마케팅팀 김홍선 최성환 배상현 신혜진 김선영 나은경 이정인
홍보기획팀 이혜연 최수아 김미임 박혜림 문소라 전효은 염진아 김선아
표지디자인 이기준 **본문디자인** 책과이음
제휴팀 류승은 **제작팀** 이영민

출판등록 2000년 5월 6일 제406-2003-061호
주소 (10881) 경기도 파주시 회동길 201(문발동)
대표전화 031-955-2100 **팩스** 031-955-2151 **이메일** book21@book21.co.kr

(주)북이십일 경계를 허무는 콘텐츠 리더

21세기북스 채널에서 도서 정보와 다양한 영상자료, 이벤트를 만나세요!
페이스북 facebook.com/21cbooks   **블로그** b.book21.com
인스타그램 instagram.com/book_twentyone   **홈페이지** www.book21.com

서울대 가지 않아도 들을 수 있는 명강의! 〈서가명강〉
네이버 오디오클립, 팟빵, 팟캐스트에서 '서가명강'을 검색해보세요!

ⓒ 다카기 노조무, 2017

ISBN 978-89-509-7423-7 03910

책값은 뒤표지에 있습니다.
이 책 내용의 일부 또는 전부를 재사용하려면 반드시 (주)북이십일의 동의를 얻어야 합니다.
잘못 만들어진 책은 구입하신 서점에서 교환해드립니다.